GUIARAMA COMPACT

AF277698

Granada

ANAYA
TOURING

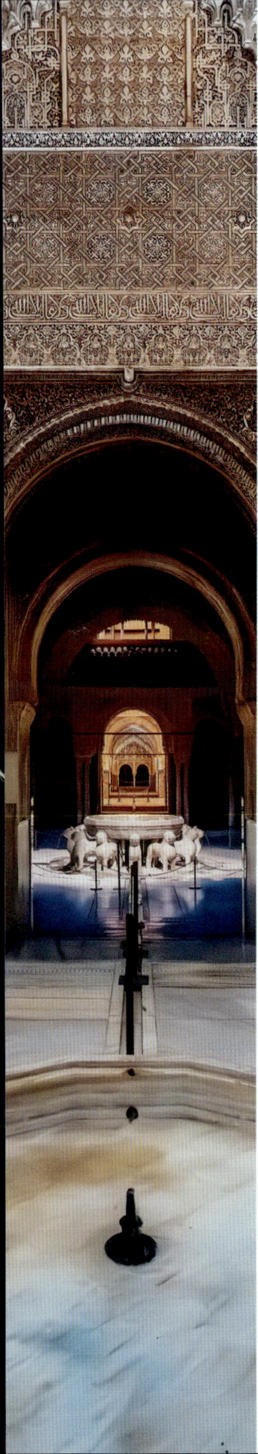

Autores: **Rafael Arjona, Rafael Marín López, Antonio Espantaleón, Antonio Enrique, María Dolores F. Fígares** y Equipo editorial **ANAYA Touring**.

Responsable de proyecto: **Esther García González**.
Actualización y edición: **Isabel Jiménez**.
Equipo técnico: **David Lozano**.
Mapas y planos: **Cartografía ANAYA Touring**.
Diseño de colección: ***marivíes***

Fotografías: **Anaya**: Grupo Anaya: 34; **Martín, J.A.**: 15, 57 a y b.; **Valls, Remedios**: 30, 64-65. **Dreamstime**: Fesenko, Evgeniy: 42; Filimonov, Iakov: 32; Grandi, Diego: 33; Hronek: 10; Lanchoo: cabecera Visita; Lunamarina: 83; Moyano, Juan: 12-13; Nurkovic, Eldar: 36; Selinairina77: 97 b; Xantana: cabecera 10 indispensables; Xrobak: 31. **Istockphoto**: alxpin: 67; Andy_Oxley: 109; bloodua: 39; carlosdelacalle: 116; Cervera Moreno, Sergio: 123; Corazza: 94; diegograndi: 74; djeecee: 117; eyewave: 106; Farbregas_Hareluya: 6-7; guenterguni: cabecera Dónde; Gurierrez, David Andres: 114-115; J2R: 69; Jaap2: 56 a y b; jacquesvandinteren: 16, 97 a; jlazouphoto: 75 a; JoseIgnacioSoto: 62 b; Kuerzinger, Stefan: 97 c; liquid-studios: 104; Lux Blue: 24-25; Nastasic: cabecera Historia, 35; Pel_1971: 87; Puga, Manuel: 134; sedmak: 75 b; sndr: 84; StockByM: 66; Rodriguez, Fran: 27; teddiviscious: 55 a; WHPics: 70 a y b; Wirestock: 88; Zolotov, Vladislav: 48. **Shutterstock**: aabeele: 118 c; Adwo: 29 b; anacarol: 91; Arcos Aguilar, Jose: 28; Badkin, Caron: 78; Biliak, Vitalii: 22-23; Bridger, Stephen: 82 b; ColorMaker: 73; Courland, Curly: 118 b; Elena Fernandez 2929: 37; Foerstner, Oliver: 45 b; Fotomicar: 96; Fuentes Quero, Jorge: 60 a; Garmyder, Pani: 53; Grandi, Diego: 2, 19, 49 a y b, 51, 52, 54, 59, 60 b, 72, 82 a; inigolai-Photography: 101; Irene RL: 92-93; Janyst, Lukasz: 86; Jesus Noguera photography: 102; John_Silver: 17; Jose y yo Estudio: 61; joserpizarro: 65, 76; kavalenkau: 8-9; kavalenkava: 77; Lande, Alexandra: 118 a; lapas77: 80, 81; Left, Lucy: 26; Lebedinskaya, Vera: 45 a; lotsostock: 18; Lux Blue: 102; Natursports: cabecera Excursiones; Neirfy: 55 b; Only Fabrizio: 14, 71; organtigiulia: 98; Overlander, Luis: 79; Pasic, Amra: 21, 63; photovideoworld: 107; Rafael, Leon: 64; Rehak, Matyas: 70 c; rSnapshotPhotos: 29 a; RudiErnst: 89; saiko3p: 11; SCStock: 40-41; Serrano, Jose Carlos: 99; Sopotnicki: 58; Takashi Images: 62 a; teddiviscious: 50 b; trabantos: 50 a, 85; Trejo, Aníbal: 105; wayak: 100.

13ª edición: abril 2024

© Grupo Anaya, S. A., 2024
  Valentín Beato, 21. 28037 Madrid.

Depósito legal: M-4660-2024
ISBN: 978-84-9158-732-3
Impreso en España - Printed in Spain

GUIARAMA ESPAÑA

Contenido

Las hoyas,
tierra de trogloditas

10

Granada

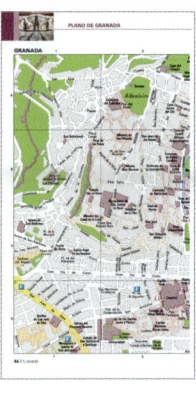

Cómo usar
esta guía

Antes del viaje

Se sugiere la lectura de las secciones **Diez Indispensables** (de la página 7 a la 29) y **La historia de un reino** (de la página 30 a la 39), con artículos sobre la historia, el arte y la naturaleza de Granada escritos por Rafael Arjona. Para quienes opinan que la gastronomía es uno de los atractivos del viaje, la sección del mismo nombre (de la página 116 a la 120) ofrece una visión bastante completa de aquellas especialidades granadinas que pueden despertar la curiosidad del viajero.

Durante el viaje

En el apartado titulado **Visita a Granada** (de la página 41 a la 91) se describe la ciudad a través de seis itinerarios, proporcionando una información detallada de los lugares de mayor interés. El **plano** que aparece en las páginas 46-47 puede ser de gran utilidad para realizar los desplazamientos por la ciudad.

Excursiones por la provincia

Bajo el epígrafe **Excursiones por Granada** (de la página 93 a la 109) se ofrecen varias excursiones de un día, que son otras tantas alternativas para visitar aquellas zonas que tienen un singular valor histórico, paisajístico o monumental. El **mapa de carreteras** (en las páginas 110 a 113) será una gran ayuda para realizar las excursiones.

La hora de comer (y cenar)

Dentro del capítulo titulado **Dónde...** se incluye una amplia selección de restaurantes por localidades, calidades y precios. En esta misma sección se facilita también información sobre un buen número de actividades con las que ocupar el tiempo libre que van desde las fiestas de las principales localidades, a otras como alojamientos, vida nocturna, compras, transportes...

Use los índices

Finalmente se ha elaborado un **índice de lugares** que permite localizar con facilidad las páginas en las que hay alguna información de utilidad.

Planificación del viaje

En función del tiempo del que se disponga, puede conseguirse el máximo provecho a la estancia siguiendo las sugerencias siguientes:

Una semana. Visite la ciudad de Granada siguiendo los **itinerarios urbanos** que se proponen en esta guía. Para comer, siga los consejos de la sección Gastronomía y Restaurantes. Para cualquier otra actividad en la que ocupar sus momentos libres puede consultar el apartado **Dónde...**

Fin de semana. Si su estancia se reduce a un fin de semana recorra alguno de los cinco itinerarios propuestos, visitando los monumentos que ofrecen mayor interés. La lista de restaurantes de esta guía le será de gran utilidad.

Unas horas. Si está de paso en la ciudad y dispone sólo de unas horas, visite la Alhambra, la catedral y las calles más concurridas del centro antes de comer o cenar en alguno de los restaurantes indicados entre las páginas 121 y 125.

Clasificación por estrellas

La mayoría de los lugares descritos en el libro se han clasificado por su grado de interés como sigue:

✱✱ Visita obligada
✱ Interesante

SÍMBOLOS UTILIZADOS

A lo largo de la guía se han utilizado símbolos sencillos y claros para indicar las siguientes categorías:

🛈 Información turística

◎ referencia a los planos

✉ dirección o localización

☎ número de teléfono

🖥 página web

🕒 horario

🏷 precio

SIGNOS CONVENCIONALES EN EL PLANO

🟪 Edificios de interés turístico 🟨 Vías rápidas

🟩 Parques y jardines ▨ Calles peatonales

🛈 Información turística 🅿 Aparcamientos

10 Indispensables

El castillo rojo

1

Granada no es solo la Alhambra, pero, para bien o para mal, la Alhambra es desde hace mucho tiempo el emblema principal de Granada.

Alhambra es corrupción castellana del árabe *al-Hamrá,* esto es, "el Rojo", por el color de las arcillas que se emplearon en su construcción, siendo su nombre original completo el de *al-Qalá al-Hamrá* o, lo que es lo mismo, "el Castillo Rojo", porque, independientemente de su color, como castillo nació, aunque andando el tiempo y con el añadido de más y más edificaciones acabara convirtiéndose en el palacio de las mil y una noches que ha llegado hasta nuestro días.

Fue Muhamad in Nasr, más conocido como Alhamar de Arjona, fundador de la dinastía nazarí que habría de perdurar durante casi 250 años, el que inició su construcción a poco de apoderarse del

▼ Vista de la Alhambra.

trono, en 1238, tras desalojar de la ciudad a los últimos representantes del poder almohade. Para ello
aprovechó la existencia de una colina que, desde el
sur, dominaba y domina perfectamente la ciudad.
Luego, los sucesivos monarcas nazaríes fueron aña-
diendo nuevas dependencias, nuevas salas y patios,
nuevas acequias y surtidores. El resultado es una
asombrosa construcción de 720 m de largo por 220
m de ancho que constituye la obra no religiosa de
mayor envergadura del arte hispano musulmán que
ha pervivido hasta hoy.

Pero es mucho más que eso. Conocido es el refinamiento que llegaron a alcanzar los musulmanes
andaluces, su elegancia y el gusto por los placeres exquisitos. Conocido es también su amor por
el agua, hasta el punto de que una de las señas
de identidad de los moriscos –musulmanes que
siguieron viviendo en las tierras conquistadas por
los cristianos– era el baño diario, baño que les sería
prohibido por Felipe II más de un siglo después de

A-B3-4
**La Alhambra
y el Generalife**
Real de la Alhambra, s/n.
958 027 971.
www.alhambra-patronato.es
Visita diurna: del 1 de abril al
14 de octubre, de 8.30 h a 20
h; del 15 de octubre a 31 de
marzo, de 8.30 h a 18 h.
Visita nocturna: del 1 de abril
al 14 de octubre, de 22 h a
23.30 h; del 15 de octubre
a 31 de marzo, de 20 h a
21.30 h.
Es aconsejable comprar
las entradas con antelación ,
(https://tickets.alhambra-
patronato.es o en el
telf. 858 889 002).

Patrimonio Mundial Unesco

la conquista de Granada. Con estas armas, los musulmanes granadinos construyeron una verdadera ciudad palatina, en la que el agua es uno de sus principales protagonistas. Los otros son el manejo de la luz, la delicadeza de las formas, la abundancia decorativa, la suntuosidad, la armonía que nace y se conjuga milagrosamente de la impremeditación con la que a las construcciones realizadas se le van adosando otras nuevas a medida que las necesidades de sus habitantes lo exigen y, cómo no, el uso de la floricultura, consustancial con el alma islámica andaluza. La Alhambra, en la que los alarifes andalusíes alcanzaron la cumbre de su arte, es así misteriosa y llena de luz, romántica y florida, sutil y portentosa, la música del agua tiembla en los patios, recorre galerías y pasadizos, una atmósfera mágica, irreal, como de sueño o de cuento, brota de las frágiles piedras, de los atauriques, de los mocárabes, en los que parecen brillar ejércitos de luciérnagas. El alma pura de un pueblo se manifiesta a un lado y a otro de sus muros. Por todo ello, sin duda, la Unesco la declaró Patrimonio Mundial en 1984.

◀ Palacio y patio de los Leones, en la Alhambra.

▼ Patio de los Arrayanes y torre de Comares, en la Alhambra.

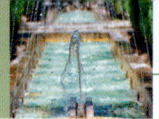

El Albayzín

2

Si decir *Alhambra* viene a ser lo mismo que decir *Granada,* decir *Albayzín* es remontarse a los orígenes, llegar hasta el momento en que un grupo de pobladores iberos erigieron aquí una primera ciudad que recibió el nombre de *Ilbyr* y que, más tarde, en tiempos de Roma y aun del cristianismo inicial, sería llamada *Iliberis* y también *Elvira.* Ciudad, sin duda, importante, no en vano en ella se celebró el primer concilio cristiano de la vieja Hispania, allá por el siglo IV de nuestra era.

Info

A-B2
Albayzín

Patrimonio Mundial Unesco

Situada enfrente del monte en el que se encuentra la Alhambra, esta ciudad entró en una profunda decadencia cuando los primeros árabes prefirieron asentarse en *Garnatha Alyejud,* una pequeña población judía que se alzaba al otro lado del Darro, en los terrenos que hoy se extienden entre San Matías

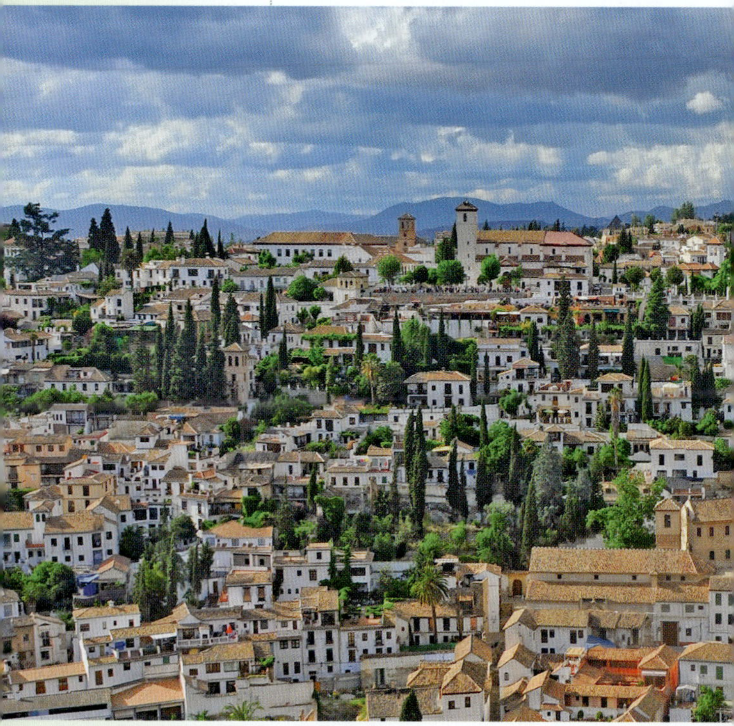

y las torres Bermejas, hasta el punto de que en lo sucesivo ya no volvería a ser más que un barrio, incluso cuando, a la caída del califato cordobés, el bereber Zawí ben Zirí sitúa aquí la alcazaba desde la que dirigiría un reino de taifa que abarcaba las actuales provincias de Granada y Málaga. Más tarde, cuando se construyó la Alhambra, el Albayzín se convirtió en arrabal, pero un arrabal que llegó a tener alrededor de 60.000 habitantes.

El significado de *Albayzín* es incierto. Para unos procedería de *al-Bayyasin,* "los de Baeza", por los andalusíes que llegaron huyendo de esta ciudad tras su conquista por Fernando III. Otros piensan que deriva de *al-bayyazin,* "los halconeros", debido a que muchos de su vecinos practicaban la cetrería. Aún hay investigadores convencidos de que Albayzín significa en árabe "en pendiente", nombre que cuadraría a la perfección con el lugar que ocupa. Sea como sea, el Albayzín es un barrio enteramente musulmán. Nunca ha dejado

▼ Vista del Albayzín desde el Generalife.

▲ Un rincón del barrio del Albayzín.

de serlo. El trazado de sus calles, muchas de ellas tan estrechas que apenas pueden cruzarse dos personas, es, no solo empinado, sino también sinuoso y laberíntico, como corresponde al urbanismo musulmán.

Tras la conquista cristiana de la ciudad, se convirtió en un barrio marginal, al ser trasladada a él toda la población musulmana que no emprendió el camino del exilio, marginalidad que se acentúa con la expulsión de los moriscos y que, en la forma degradante de la pobreza, se ha mantenido hasta casi el final del siglo xx. Esta situación, sin embargo, ha venido cambiando en los últimos años, de manera principal en las zonas altas y con buenas vistas de la Alhambra o de la ciudad. Una burguesía de nuevo cuño, alentada por la revalorización paisajista, viene instalándose aquí, restaurando por completo los viejos cármenes, manteniendo, no obstante, en lo esencial, la tipología del barrio. También los monumentos han sido restaurados y las nuevas construcciones que se realizan respetan el conjunto. Ejemplo de este tipo de actuaciones son la iglesia de San Nicolás, la mezquita que los musulmanes granadinos han levantado a su lado y el adecentamiento de su entorno, en el que se sitúa el célebre mirador al que da nombre la iglesia y que, según el expresidente Bill Clinton, aparte de las extraordinarias vistas de la Alhambra que desde él se tienen, es el mejor lugar del mundo para contemplar el atardecer.

La catedral

Si la Alhambra es la obra cumbre de los alarifes musulmanes granadinos, la catedral es la gran construcción de los cristianos.

3

Situada en el centro de la ciudad, junto al solar de la antigua mezquita mayor, que hoy ocupa la iglesia del Sagrario, sus proporciones son descomunales: tiene una superficie de 11.000 m², con una longitud total de 115 m y una anchura de 67 m. Alcanza su altura máxima en la capilla mayor, con 45 m, siendo de 32 m la de la nave central y la de los cruceros. Su construcción se prolongó desde el 25 de marzo de 1523, fecha en que Gil de Ontañón y Enrique Egas, maestros de obra iniciales, colocaron la primera piedra, hasta 1704, en que se dio por concluida, es decir, la friolera de 181 años.

Este largo proceso, sin embargo, no dio lugar a la proliferación de estilos que se observan en otros templos cuyas obras tuvieron duración parecida: aunque, siguiendo el proyecto que trazara Enrique Egas, la catedral granadina nació con vocación gótica, muy pronto, en 1528, viró por completo al Renacimiento, cuando Diego de Siloé se hizo cargo de las obras con un nuevo proyecto bajo el brazo, más ambicioso aún que el de Egas. Naturalmente, a lo largo de los casi dos siglos de trabajo fueron bastantes los arquitectos que se sucedieron en su dirección, pero todos siguieron fielmente el proyecto de Siloé... Todos, menos Alonso Cano, que diseñó la imponente fachada, la cual, aunque no abandona el estilo renacentista, se introduce ya en los derroteros del manierismo, al que sirvió de introductor el polifacético artista granadino.

Una vez terminado, el templo se convirtió en uno de los ejemplos más esplendorosos del Renacimiento español. Tiene cinco naves y una girola que, dada su amplitud, resulta majestuosa. Sobrecogen las inmensas dimensiones del espacio interior, en el que el visitante se siente a la vez perdido y extasiado. Sobrecogen los inmensos pilares constituidos por columnas adosadas, los arcos en los que aquellos se abren a una altura inverosímil, las bóvedas sostenidas por afiladas nervaduras, semejantes a las venas de un tejido prodigioso, las vidrieras que desde lo más alto filtran la luz a través de las escenas místicas pintadas en los cristales.

El asombro alcanza sus mayores cotas en la capilla Mayor, magnífico atrevimiento arquitectónico que solo pudo ocurrírsele a un genio de la categoría

Info

🕐 C-D2
Catedral
✉ Gran Vía, 5.
☎ 958 222 959.
🔗 http://catedral
degranada.com
🕐 Horario de taquilla: de lunes a sábado de 10 h a 18.15 h, domingo y festivos de 15 h a 18.15 h.
Visitas culturales durante todo el año, excepto en horario de culto y otras celebraciones religiosas.
💶 Entrada general: 6 €.

▼ Escudo de Carlos V, en la fachada de la catedral de Granada.

de Diego de Siloé. El espacio circular en el que se ubica se constituye en *sancta sanctorum* o lugar sagrado por excelencia y todo es en él exuberancia y glorificación, desde el inmenso arco toral, más estrecho en la cumbre de la arquivolta por exigencias constructivas, hasta la enorme cúpula que como un verdadero cielo lo corona, pasando por los huecos que dan paso a la girola, por el entablamento a partir del que sube el segundo cuerpo, por las arquerías en las que se ubican las vidrieras y, sobre todo, por los siete lienzos que Alonso Cano pintara entre 1652 y 1664 con escenas de la vida de la Virgen.

▼ Interior de la catedral de Granada.

La Cartuja

Locura del barroco, ha sido llamada. Y lo es. La Cartuja granadina constituye una nueva cima del arte, esta vez en un estilo más próximo en el tiempo que el hispano musulmán de la Alhambra o el renacentista de la catedral.

4

Fundada en 1495, esta cartuja se ubica al norte de la ciudad, en un terreno muy apreciado por los musulmanes, de almunias y casas de recreo, cuyos huertos y jardines regaban las aguas que manaban de la fuente de las Lágrimas –en Granada, los nombres destilan un profundo romanticismo–. De aquel monasterio, que los cartujos ocuparon a partir de 1545, solo se conservan las edificaciones conventuales y el compás o patio de entrada, ya que con la Desamortización del siglo XIX perdió las huertas y tierras anexas. El barroco se concentra de manera especial en la iglesia y en la sacristía. Como se sabe, el Concilio de Trento (1545-1563) contraatacó la reforma protestante proclamando la supremacía y el triunfo del la iglesia romana, cualidades que debían plasmarse en lo sucesivo en cada una de las manifestaciones de la ortodoxia. El barroco nace en este ambiente y con el propósito de constituirse en el resumen de esta exaltación gloriosa, empeño que alcanza uno de sus hitos de referencia en este cenobio y, más concretamente en la iglesia, en la sacristía y, sobre todo, en el *sancta sanctorum,* situado detrás del presbiterio.

Es este el lugar sagrado del templo y es por ello que debía ser la manifestación más clara de la grandeza de la iglesia romana. Y a fe que lo consigue. Francisco Hurtado Izquierdo, su autor, arquitecto cordobés, de Lucena, realizó uno de los grandes hitos del barroco español, en el que se conjugan de manera exquisitamente armónica arquitectura, escultura y pintura. La construcción data del siglo XVIII y fue concebida como un tabernáculo para albergar la hostia consagrada o cuerpo de Cristo. Mármoles y jaspes se combinan con las exuberancias vegetales, roleos, molduras y todo tipo de adornos a base de yesos, con los dorados de las esculturas de las Virtudes, con la frondosidad de la cúpula, en la que las pinturas al fresco del también cordobés Antonio Palomino constituyen, de acuerdo con declaraciones del propio autor, expresión del triunfo de la iglesia militante, así como de la fe y de la ortodoxia romana. Esculturas de José de Mora, de Duque Cornejo y de José Risueño completan un conjunto que causa no solo el asombro del visitante, sino su más completa obnubilación.

Info

🕐 F.p.
Monasterio de la Cartuja
✉ Paseo de la Cartuja, s/n.
☎ 958 161 932.
🖥 https://cartujadegranada.com
🕐 Horario: de domingo a viernes, de 10 h a 18.30 h; sábado, de 10 h a 12.15 h y de 15 h a 17.30 h.
💶 Entrada: 6 €.

▼ Tabernáculo de la Cartuja, con frescos de Antonio Palomino en la cúpula.

Los cármenes

5

La casa andalusí, la casa que los musulmanes construyeron en Andalucía, reúne dos cualidades esenciales: simplicidad y exquisitez, casi a partes iguales.

En esencia, consistían en un patio interior, cuyas dimensiones dependían de la capacidad económica de su propietario, dando al cual se levantaban las distintas dependencias. A la calle lo que daba era una tapia en la que no se abría más hueco que la puerta de entrada. Se trataba de una vivienda abierta y, al mismo tiempo, íntima: abierta a la luz, a la brisa, al perfume de las flores, al canto de los pájaros, en resumen, a la vida que se colaba a través del patio, pero también sellada a las miradas y a los oídos ajenos, al alboroto externo, a todo lo que de molesto y desagradable tiene también la propia vida. Más o menos grande, el patio era siempre un jardín, en el que no faltaban las plantas florales ni el murmullo del agua en su surtidor, un jardín en el que, a pesar de las prohibiciones, solía correr abundantemente el vino hasta las más altas horas de la madrugada.

En las casas de los más pudientes, el jardín daba para albergar un huerto. Y este era en sus orígenes el carmen, pues no otra cosa que "huerto" significa el término *carm*, del que deriva la palabra española. Granada es, sin duda, la más mora de las capitales andaluzas. Más o menos remozado o reformado, en todas se conserva la traza de su casco histórico, de origen agareno. Pero Granada conserva además la estructura de las viviendas, conserva, en una palabra, los cármenes.

Los patios sevillanos, por ejemplo, o los cordobeses, de tanta fama, remiten a lo musulmán solo en las flores y en el agua; en su estructura y, sobre todo, en su situación, visibles y aún accesibles desde la calle, remiten a la arquitectura doméstica romana. Los cármenes granadinos son musulmanes en su integridad, más aún, son prácticamente los mismos que los moros granadinos habitaron y que hubieron de abandonar a toda prisa cuando llegaron los cristianos.

Aben Luyún, memorable autor de jarchas, aquellos poemitas en lengua aljamiada, describe en el siglo XIII cómo habían de ser los cármenes: la vivienda debía estar situada en lo más alto, a continuación la zona de jardín propiamente dicho y, más abajo, el huerto. No podía faltar la alberca, ni el pozo, ni la acequia que discurriera por entre la umbría. ¡Y toda la finca debía estar rodeada de viñas! Un pabellón, a modo de

▼ El sonido del agua corre y se pierde por toda la red de platos, sumideros y acequias que traen las aguas de la sierra.

cenador, destinado a la tertulia –pabellón que habría de estar rodeado de arrayanes, así como de rosales y otras plantas trepadoras que hicieran aún más íntima su presencia– se situaría aproximadamente en el centro. Más o menos así, continúan siendo los cármenes granadinos. Los que han evolucionado lo han hecho en el sentido de acrecentar su opulencia y su exquisitez.

Famosos son el de Rodríguez Acosta, el de Manuel de Falla, el de los Mártires, el de Conchita Berrecheguren, que murió en olor de santidad, el de Soto o casa de los Mascarones y cómo no, el más imponente de todos, el del Generalife, en plena Alhambra. Pero, más auténticos, por más puros, el visitante puede encontrárselos por muchos sitios, especialmente en el Albayzín, por el campo de los Mártires o por la zona de torres Bermejas.

▲ Patio de la Acequia, en el Generalife, el carmen por antonomasia de Granada.

El paseo de los Tristes

6

Info

A3
Paseo de los Tristes

Granada es una ciudad equívoca. Su embrujo nace, sobre todo, de su equivocidad. Siendo la capital más agarena de Andalucía es también la más castellana; siendo liberal, parece conservadora; brotando la poesía a cada paso por sus calles, he ahí lo que ocurrió con García Lorca; de natural romántica y sensible, sus naturales pasan por ojerosos; detrás de una monumental portada puede haber una casa de vecinos, como una fachada mugrienta y empapuzada de verdina esconder la mansión de un millonario; la casa del Carbón es un palacio, la de los Tiros, un museo, y a uno de los lugares más alegres de la ciudad van y le ponen paseo de los Tristes.

El paseo, además, ni siquiera es un paseo, es mucho más una plaza y de no dilatadas dimensiones. Más aún, tampoco es así como se llama, que su nombre verdadero es paseo del Padre Manjón, venerable canónigo burgalés avecindado en Granada que allá por 1889 fundó las Escuelas del Ave María para los niños pobres del Sacromonte, aunque luego se extendieron por toda España. Por las esquinas de la ciudad, por los mentideros que bordean la margen derecha del Darro, por la puerta de Elvira o por el arco de las Pesas se cuentan a media voz historias remotas que ponen los pelos de punta, pero lo más seguro es que el lugar cargue con el apelativo de los Tristes por algo tan banal como haber sido hasta 1950 el sitio en el que las comitivas fúnebres despedían a los muertos que subían camino del cementerio, localizado detrás de la Alhambra.

Simplemente por su situación, a orillas del Darro y debajo mismo de la Alhambra, ya es hermosa la plaza. Se encuentra además llena de bares con terraza, cuyas sombrillas, en verano, iluminan el ánimo del visitante que viene subiendo desde la Plaza Nueva. Por más entierros que desde aquí se despidieran, en esta plaza se llevaron a cabo desde su creación en 1609 todo tipo de celebraciones públicas, en muchas de las cuales los miembros del Ayuntamiento usaban como tribuna la casa de las Chirimías, al comienzo de aqueqlla, junto al puente de Abén Rasik. Otro puente cierra el espacio por la cara opuesta, el del Aljibillo, por el que por aquí existía.

Desde esta plaza parten dos caminos preciosos: uno es el del Avellano que, tras ofrecer maravillosas vistas de la Alhambra y del Albayzín, lleva hasta la fuente del Avellano, romántico lugar que fue en su día punto de reunión de la Cofradía del Avellano, grupo literario cuya dirección ostentaba Ángel Ganivet. El otro camino, mucho más empinado, tiene hasta tres nombres. El oficial es cuesta del Rey Chico, pero la gente lo llama igualmente cuesta de los Muertos, no hace falta decir por qué, y también cuesta de los Chinos, por los que sirven para enchinar las calles.

▼ Desde el paseo de los Tristes, a orillas del río Darro, se tiene una magnífica vista de la Alhambra.

El Parque de las Ciencias

7

Granada no se duerme en los laureles de su dilatada historia, mucha de ella en lo más alto del panorama cultural y científico, y desde hace más de tres décadas ha tomado con toda decisión el tren de la modernidad. Este Parque de las Ciencias, situado prácticamente enfrente del Palacio de Congresos, es buena prueba de ello.

Info

⏰ f.p.
Parque de las Ciencias
✉ Avda. de la Ciencia, s/n.
📞 958 131 900.
🌐 www.parqueciencias.com
🕐 De martes a sábado, de 10 h a 19 h; domingo, festivos y lunes víspera de festivo, de 10 h a 15 h.

Inaugurado en 1995, este es uno de los lugares más interesantes para visitar en Granada, especialmente si se viaja con niños, aunque para los adultos es tanto o más atractivo. Cuenta con 70.000 m² y está concebido como un museo interactivo, de modo que el visitante no es un mero espectador, sino que se convierte, si lo desea, en sujeto activo de una serie de pruebas y experimentos que, a la vez que enseñan a entender plenamente el mundo que habitamos en todas sus vertientes, hacen de la visita una verdadera aventura por el universo del saber.

Lo primero que llama la atención es la torre mirador de más de 50 m de altura, desde la que se obtienen maravillosas vistas de la ciudad y de sus alrededores, incluidas, cómo no, la Alhambra y las altas cumbres de Sierra Nevada. Luego, cuenta con dos áreas bien diferenciadas, una para exposiciones temporales y otra en la que se encuentran las distintas salas de exposición permanente. En la sala

dedicada a la Biosfera el visitante puede descubrir, entre otras muchas cosas, el movimiento de las pirañas, el ADN humano o un contador que va sumando el número de habitantes de la tierra en tiempo real. En la sala de Percepción hay juegos con luz y sonido; se puede experimentar la sensación de volar, de modo que uno cree que, en efecto, está volando; se puede tocar la fibra óptica, etc. La sala Eureka está destinada a las experiencias físicas. El visitante puede experimentar la fuerza del aire, manejar circuitos eléctricos, algunos bastante complicados, o descubrir la potencia de sus piernas pedaleando en una bicicleta.

Las pruebas entusiasman a quienes participan en ellas. Las de la sala Explora están destinadas a los más pequeños, niños y niñas de entre 3 y 7 años. Hay que ver la sorpresa pintada en sus rostros ante la mayoría de los experimentos. La sala Al-Ándalus muestra el inconmensurable legado científico hispano musulmán y RENPA es la sala en la que se ofrece una completa información de los espacios naturales de Andalucía. Luego está el mariposario tropical, con multitud de ejemplares vivos; el aula Averroes, para los aficionados a navegar por internet; el planetario, en el que de verdad parece que se viaja a través del universo, y el jardín de astronomía, con relojes, calendarios solares, maquetas y otros. Como además el parque dispone de cafetería y restaurante y es un espacio suficientemente abierto, no hay obstáculo para permanecer el día entero en él, si se desea.

▼ Parque de las Ciencias.

A la orilla del trópico

8

Lo mejor de Granada es Granada, es decir, todo, la capital, por supuesto, pero también la provincia. Es difícil encontrar tantas cualidades diferentes en un trozo de tierra tan pequeño, en 12.531 km².

Apenas 50 km rumbo al sur se alcanza la costa, pero no una costa cualquiera, sino el puro trópico cálido y dorado, entre los paralelos 36 y 38. Aquí la temperatura sube velozmente y el aire se encalma y la tierra, al pie mismo de los montes y a la orilla del mar, produce frutos de todo punto increíbles para el que no los ve: caña de azúcar, chirimoyas, mangos, aguacates…, frutos que el visitante siempre supuso propios y exclusivos de los países tropicales.

Este microclima mágico, propiciado, de una parte, por la existencia del mar y, de otra, por la protección que brindan la elevaciones de las sierras Almijara y de la Contraviesa, favoreció, en su día, el asentamiento humano y la aparición de una serie de poblaciones ciertamente admirables, empinadas sobre las estribaciones de los montes y asomadas al azul siempre verde del Mediterráneo. Desde hace algún tiempo ha favorecido también la aparición del turismo.

Entre la punta de la Mona, por el oeste, y El Pozuelo, por el este, ya en las lindes con la provincia de Almería, Granada dispone de más de 100 km de costa, hasta cuya misma orilla llegan las laderas de las montañas, formando soberbios acantilados, pero también ensenadas íntimas, playas recogidas, lugares ideales para la práctica del reposo y la búsqueda de la tranquilidad.

Los núcleos urbanos han crecido mucho en las últimas décadas como consecuencia de este turismo que, en bastantes ocasiones, se convierte en estable y para todo el año. La mayoría tienen tras de sí una larga historia. Ahí está, por el oeste, Almuñécar, entre los ríos Verde y Seco, quizás el más importante foco turístico de la provincia, fundada por los fenicios hace más de tres mil años y recreada por los musulmanes, cuya alcazaba, construida inicialmente por los romanos, aún se mantiene en pie. Ahí está Salobreña, encaramada en su domesticado peñón y más antigua que Almuñécar, pues sus orígenes se remontan nada menos que a la época del Bronce argárico. Los musulmanes dejaron su huella de tal modo que aún hoy se mantiene presente en el trazado de su casco histórico, un dédalo de callejuelas de belleza singular.

Motril, muy cerca, al borde de la autovía que baja desde Granada, es marinero y agrícola. Su puerto, alejado de la población unos dos kilómetros, es el más importante de la costa granadina. A un lado y a otro de él se extienden bellas playas de nombres sugerentes: Las Azucenas, Torrenueva, La Joya... La ciudad es moderna y ofrece visos de pequeña capital de provincias. Camino de Almería, está Calahonda, un tranquilo lugar de vacaciones entre la sinuosa carretera y el mar que, entre las nuevas construcciones, conserva aún el sabor de los antiguos pueblos marineros, y Castell de Ferro, al pie de un solitario serrijón en cuya cumbre se ven aún los restos de un castillo que, en su día, construyeron los romanos. Las urbanizaciones turísticas lo han convertido en un pintoresco rincón en el que el sereno azul del mar contrasta fuertemente con el ceniciento de los montes pelados que lo rodean.

▼ Playa de Almuñécar, en la costa tropical granadina.

El paisaje

¿Qué se necesita para pasar del trópico a las nieves perpetuas, qué para trasladarse de la orilla del mar a las blancas alturas donde el cielo queda al alcance de la mano? El paisaje granadino es tan cambiante, tan sorprendente, que no se necesitan más que unos cincuenta kilómetros, y no en línea recta, sino por carreteras tan ricas en pendientes como en curvas.

En efecto, cincuenta kilómetros es la distancia que separa los cultivos tropicales de la costa, las playas en las que la gente se dora lentamente al sol, del Mulhacén, en Sierra Nevada, el pico más alto de la Península Ibérica, con sus 3.478 m, cuyo nombre es un homenaje a Abd ul-Hasán, más conocido como Muley Hacén, penúltimo rey de Granada, cuyos restos se encuentran bajo las nieves de la cumbre. Un paisaje indómito de inclasificable belleza, tanto en invierno como en verano, rodea este monte debajo del cual se encuentra la estación de esquí de Sierra Nevada, la más meridional de Europa, cuyas pistas son visitadas anualmente por más de un millón de personas.

Entre el Mulhacén y el mar, se extienden las Alpujarras. Hubo un tiempo en que decir *Alpujarras* en Andalucía era mencionar un territorio sombrío y misterioso, situado en algún lugar remoto, allá, más o menos, por donde debía andar el reino tenebroso del Preste Juan. Hasta fechas recientes, en que las carreteras comenzaron a mejorar, ha sido desde luego, un territorio aislado, que sufrió mucho con la rebelión y posterior expulsión de los moriscos, últimos años del siglo XVI y primeros del XVII. Es, más aún, un territorio distinto. Incluso hoy, en que todo, hasta la propia tierra, parece globalizarse y uniformizarse. El visitante que, tras dejar atrás Lanjarón llega a Órgiva y comienza a subir hacia Pampaneira, no puede dar crédito a lo que ven sus ojos, sencillamente porque, aunque hubiera oído hablar de estas tierras, de estos montes y valles, de estos barrancos, no pudo ni imaginar lo que ellos son.

En toda España, al menos, no existe lugar tan extraño y asombroso, probablemente, tampoco tan bello. Es, en primer lugar, un milagro de la geología, pues su existencia física se debe al plegamiento alpino ocurrido durante el Terciario que dio lugar a la cordillera Penibética. Pero es también un milagro humano. A las inmensas simas, por cu-

▼ Carretera en la Alpujarra granadina.

yos sobrecogedores fondos discurren riachuelos como el Guadalfeo, el mayor de todos, a las imponentes cumbres, tan altas y tan grandes como el mundo, hay que añadir los blancos pueblecitos de extraordinaria personalidad, pueblos cuyas casas se sostienen en vilo sobre las laderas, no solo apoyándose las unas en las otras, sino escalonando las calles, hincadas en las calles, pueblos de piedra blanqueada y de tinaos –cubiertas de las casas– a base de lascas menudas de pizarra, de muros como mantos y de flores, de nombres jugosísimos: Pampaneira, Pórtugos, Bubión, Yátor, Bérchules, Trevélez... Trevélez, precisamente, es el pueblo situado a mayor altitud de España.

Y, aunque hoy los cultivos se están abandonando a favor del turismo, hay que añadir esa inmensa labor de las terrazas construidas a lo largo de siglos de paciente trabajo en las que los alpujarreños han cultivado de todo, hay que incluir las atarjeas que los muslimes tendieron a lo largo y a lo alto de las laderas para llevar el agua a las terrazas, muchas de las cuales todavía perviven en la actualidad. Y hay que añadir en fin el carácter tolerante de una gente que, a título de ejemplo, no ha visto inconveniente alguno en que en la taha –antigua división administrativa– de Pitres se instale una comunidad budista, o que muchos de los pueblecitos se hayan llenado de gente soñadora que se dedica a rescatar viejos oficios artesanales hasta ayer mismo perdidos.

▼ Estación de esquí de Sierra Nevada.

Las hoyas, tierra de trogloditas

10

A través de un paisaje montuoso, frecuentemente nevado, que incluye el otrora espeluznante puerto de la Mora que hoy la autovía salva sin dificultad, se alcanzan las hoyas de Guadix y de Baza, territorio singular, de una belleza plástica que despierta la imaginación del visitante y lo remonta a momentos en los que el ser humano daba aún sus primeros pasos en el camino de la civilización.

Granada tiene una extensa vega, verde como dicen que eran los ojos de las huríes que vagaban por los corredores de la Alhambra, al norte de la ciudad, al lado mismo del caserío. Más hacia el noroeste tiene grandes extensiones de olivar, tierras como las que se ven en muchos otros lugares de Andalucía y de España. Donde el horizonte vuelve a cambiar es hacia el nordeste, siguiendo la autovía A-92 rumbo a Murcia. Por aquí se hallan las hoyas de Guadix y Baza.

Esta es la tierra de los trogloditas. Un territorio básicamente plano, con las únicas excepciones de las no demasiado altas sierras de Gor y de Baza, esta última declarada parque natural, en la que abundan los pinos de distintas especies, por entre los que corren el gato montés, el zorro o la jineta, mientras en el cielo vuela el águila real, el buitre, el águila perdicera o el cárabo. Dos poblaciones son sus capitales: Guadix, al sur, y Baza, al norte, las dos con más de 20.000 habitantes; la primera, levítica y eje del comercio y la segunda, industriosa y alegre.

▼ Barrio de las Cuevas, en Guadix.

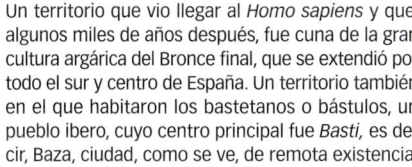

▲ Interior y exterior de una casa cueva en Guadix.

Un territorio que vio llegar al *Homo sapiens* y que, algunos miles de años después, fue cuna de la gran cultura argárica del Bronce final, que se extendió por todo el sur y centro de España. Un territorio también en el que habitaron los bastetanos o bástulos, un pueblo ibero, cuyo centro principal fue *Basti,* es decir, Baza, ciudad, como se ve, de remota existencia.

Muy rica en agua –por la hoya de Baza corren hasta siete ríos que van a desaguar al embalse del Negratín–, la agricultura es uno de los puntales de su economía. Dicen que a orillas del Fardes se crían los mejores melocotones de España. Es, no obstante, también una tierra áspera, con grandes espacios que recuerdan las duras estepas del desierto, de manera especial por la hoya de Guadix. Aquí, montículos de piedra caliza permitieron al hombre en épocas remotas excavar unas viviendas que han pervivido hasta el día de hoy. Constituyen un panorama insólito: surgen sus puertas y ventanas como ojos desnudos en el plano vertical de la colina, emergen las blancas chimeneas en la cumbre, se inscriben escaleras en las zonas más bajas. En distintas épocas, estas verdaderas cuevas, algunas de ellas naturales, solventaron a los habitantes de la zona el problema del alojamiento. Muchos no tuvieron otra habitación en los días de penuria de la dictadura franquista. Luego, cuando la situación económica empezó a mejorar, fueron abandonadas de nuevo.

A pesar de su imagen de rusticidad, gozan de un par de formidables virtudes: la impermeabilidad de la piedra pone el interior a salvo de la humedad y el grosor de los muros impide el paso de los ruidos exteriores y mantiene constante la temperatura durante todo el año. Es por ello que algunos conjuntos de ellas se han transformado en alojamientos turísticos de tipo rural llenos de encanto y hasta de lujo, que son muy demandados por los amantes de la naturaleza y, más aún, del reposo y la tranquilidad.

La historia de un reino

▌ Los primeros pobladores

Los primeros pobladores de la zona sur de España, a los que se conoce con el nombre de iberos, se establecieron sobre las colinas que descienden de Sierra Morena, entre el río Genil y su afluente el Darro. Sería incorrecto asimilar aquellos poblamientos con una ciudad propiamente dicha, pero su existencia constituye un testimonio de la antigüedad de sus huellas en el territorio granadino.

La evolución de aquellos poblamientos ha llegado hasta el presente empañada por las dificultades que siempre entraña la reconstrucción histórica de tiempos tan remotos. No obstante lo dicho anteriormente, hoy se sabe que la primera población granadina se estableció en el Albayzín unos 5.500 años a. C. y que a lo largo de la Edad del Bronce sus habitantes comerciaron con fenicios, primero, y griegos, después. Con posterioridad, esta población fue ocupada por los túrdulos, época en que recibía el nombre de *Ilíberis*. Por la misma época y entre las actuales Pinos Puente y Atarfe se encontraba *Ilíberis*, una ciudad distinta, a la que los árabes llamaron *Elvira*, cuya proximidad con la del Albayzín y la semejanza de su nombre ha dado lugar a no pocas confusiones. Por ejemplo, fue en *Ilíberis* y no en la ciudad del Albayzín, donde, entre el 295 y el 314, celebraron los obispos cristianos el famoso Concilio de Elvira. Con ambas poblaciones coexistió una tercera. Se trataba de *Castilha*, situada en lo que hoy es el barrio del Realejo y ocupada por judíos, que podrían haber llegado poco después del 587 a. C., tras la destrucción de Jerusalén por Nabucodonosor II. Fue en el Albayzín donde se establecieron los romanos, convirtiendo *Ilíberis* en el municipio *Florentinum Iliberritanum*, cuyos habitantes gozaron de la consideración de ciudadanos romanos.

▌ Visigodos y árabes

De la dominación visigoda y bizantina solo han quedado referencias literarias. No obstante, es seguro que debieron asentarse en el Albayzín, que ya habían ocupado los romanos, es decir, en la vieja *Ilíberis*. Los árabes se presentaron en Granada en el mismo 711, año de la derrota de los visigodos en la batalla del Guadalete, destruyeron las defensas visigodas y se instalaron en *Ilíberis*, a la que, como queda dicho, llamaron Elvira. Esta ciudad, que llegó a alcanzar gran importancia durante el califato de Córdoba, adolecía de una buena posición defensiva,

▼ Monumento a Abderramán I en Almuñécar.

▲ Vista de Granada
desde la Alhambra.

por lo que, a mediados del siglo VIII, los agarenos se instalaron en *Ilíberis*, a la que llamaron Garnatha, esto es, Granada, y a la *Castilha* judía, *Garnatha Alyahud*, o Granada de los Judíos.

Hasta el año 1013 Granada dependió de Córdoba. La disgregación del califato cordobés hizo surgir reinos independientes sobre las antiguas provincias o coras; y apoyándose en grupos familiares, como el representado por Zawi ben Ziri, creador de la dinastía Ziri, Granada obtuvo su independencia del califato cordobés en medio del ambiente de luchas creado por la aparición de los llamados reinos de taifas, que proliferan al final del califato en toda la España musulmana.

Los sultanes ziríes construyeron la estructura básica de la ciudad. Se establecieron en la alcazaba, en el Albayzín, y construyeron murallas y torres. Con el sultán Badis el crecimiento urbano supera los límites del Albayzín llegando hasta la actual calle de Elvira y las laderas del río Darro, quedando de este modo comunicada la ciudad con el conjunto de la Alhambra.

De esta época son algunas construcciones militares, pero también civiles, como la puerta y el puente de los Tableros (hoy conocido como del Cadí), los baños de Al-Chauza (hoy el Bañuelo) y la mezquita de Almanzora (en el Albayzín, en torno a la actual iglesia de San José, cuya torre es el antiguo minarete de la mezquita). A finales del siglo XII y principios del XIII, la ciudad ya está claramente configurada y va a iniciar uno de los capítulos más gloriosos de su etapa musulmana, con la llegada al poder de la dinastía Nazarí. Muhammad ben Yusuf Nasr, como cabeza de los Banu Al-Ahmar, entra en Granada, en el año 1236, convirtiéndose posteriormente en vasallo de Fernando III el Santo, al que promete sumisión.

▌ La construcción de la Alhambra

Muhammad I se estableció en la alcazaba vieja, en el Albayzín; pronto inició la construccion de la Alhambra sobre los restos de edificios anteriores. Desde entonces y hasta 1492, comienza una etapa de expansión urbana que tuvo su cénit en los reinados de Yusuf I (1333-1353) y su hijo Muhammad V (1353-1391), que fueron los grandes constructores de la dinastía. Destacó especialmente en esta labor Yusuf I, que enriqueció la Alhambra y construyó las grandes puertas, el mercado o alhóndiga y la universidad o madraza. La ciudad quedó así básicamente constituida a mediados del siglo XIV. Dentro del cas-

▶ A la derecha, patio del Cuarto Dorado; abajo, el Saón de Embajadores, ambos en la Alhambra.

co urbano se distinguen varias zonas claramente diferenciadas. Por un lado la colina roja (Medinat Al-Hamra), fortaleza militar con palacios, mansiones, mercados y talleres.

A la otra orilla del río Darro, la alcazaba vieja y el arrabal del Albayzín que constituían núcleos distintos y separados entre sí, pero que formaban un complejo conocido genéricamente como Albayzín, y que contaba con gobernadores y jueces propios.

En la parte baja de la ciudad, pegada a estas colinas y a los lados del río Darro, se extendía la medina con sus arrabales. La medina estaba estructurada en barrios gremiales de diferente superficie. Sus calles estrechas, laberínticas, quedaban cerradas durante la noche, cuando el ajetreo cotidiano llegaba a su fin.

Extramuros de la ciudad quedaban los cementerios. Destaca el de la Sabika, próximo a la zona actual del carmen de los Mártires, que tuvo carácter real. También fue importante el de Ibn Malik, fundado en el siglo XIII en las afueras de la puerta de Elvira donde posteriormente los Reyes Católicos establecieron el Hospital Real (hoy la zona del Triunfo).

En el centro de la ciudad estaba la mezquita Mayor, situada en el terreno que hoy ocupan la iglesia del Sagrario y la capilla de los Reyes Católicos.

La etapa nazarí se debate en luchas internas que se acentúan al final de su dominación, lo cual no impide un desarrollo cultural en torno a la corte de los sultanes, con figuras como el cronista Ibn al-Jatib y el poeta Ibn Zamrak, cuyos escritos decoran los muros alhambreños. Estos textos son, en esencia, alabanzas reales y descripciones de palacios y salones como las del patio de los Arrayanes, la sala de Dos Hermanas y la fuente de los Leones.

En los últimos reinados nazaríes se intensifican dichas luchas internas junto a la presión de los reyes castellanos. Y es a partir del año 1482, con la toma de Alhama, en respuesta al ataque contra Zahara, cuando empieza la Guerra de Granada.

▌Los Reyes Católicos

El final se precipita cuando los Reyes Católicos, desde el campamento-ciudad de Santa Fe, en la vega, cercan la ciudad hasta conseguir la firma de unas capitulaciones de rendición que culminan con su entrada en la ciudad el 2 de enero de 1492.

La ocupación pacífica de la ciudad ofreció a los castellanos una urbe típicamente musulmana. Pero muy pronto, y especialmente a lo largo del siglo XVI, con Carlos V y Felipe II como reyes de España, la ciudad se verá inmersa en una serie de sucesivas

▲ Vista de la ciudad de Granada en un grabado del siglo XVI.

modificaciones que alterarán su estructura urbana, al destruir unas veces obras irrepetibles y al levantar otros monumentos que le irán imprimiendo el definitivo carácter que descubrimos en la ciudad actual.

La persistencia en el Albayzín (algo que las capitulaciones de rendición habían permitido) de la mayor parte de la población musulmana convertirá a este siglo XVI en un siglo especialmente conflictivo para la ciudad. La conversión de los musulmanes a la fe católica se fue haciendo necesaria, no solo por razones internas, sino también por razones de política internacional. Fray Hernando de Talavera, como primer arzobispo, y el cardenal Cisneros como político nacional, representan en este período dos formas de enfocar este problema, insistir en la predicación o bien decidirse por la expulsión.

En el año 1500 se producen en el Albayzín graves incidentes, pero la gran revuelta de este siglo es la de 1568. Los musulmanes (moriscos para los cristianos) se alzaron en esta zona montañosa obligando a Felipe II a enviar a su hermanastro don Juan de Austria para acabar con la rebelión. Una vez dominada, la población sublevada fue repartida por los demás reinos peninsulares, hasta la definitiva expulsión de los moriscos del territorio español, llevada a cabo por Felipe III en 1609.

Tras la conquista, la ciudad se transforma, especialmente la parte baja. Se derriban miradores y balcones; se ensanchan calles y plazas, como la de Bib-Rambla o Plaza Nueva; y nuevos estilos artísticos como el gótico final, el renacimiento y el barroco se entremezclan con los restos de arte musulmán que desarrollan los artesanos moriscos (estilo mudéjar).

Se construyen edificios para los nuevos organismos administrativos (el Municipio, la Chancillería, la Universidad, el palacio de Carlos V, el Hospital Real), y numerosos edificios religiosos acompañan a los civiles (la catedral, la Capilla Real, diversas iglesias y monasterios como el de la Cartuja o el de San Jerónimo).

▌Siglos XVII y XVIII

El siglo XVII parece una pobre continuación del anterior. La ciudad vive pendiente de evitar los motines y el entramado urbano permanece casi inalterado – muchas construcciones están detenidas o progresan lentamente–. En este período, Granada pierde parte de su carisma. La actividad económica que se lleva a cabo en torno a la Chancillería, la catedral, la lonja, el Ayuntamiento y la Capilla Real impone su ritmo a la ciudad. Son los tiempos de la Contrarreforma y el fervor impregna el ambiente; las celebraciones y fiestas populares poseen un marcado contenido religioso; entre ellas cabría destacar la fiesta del Corpus, instaurada años atrás por los Reyes Católicos.

En el orden urbanístico, surgirán edificios como las iglesias del Sacromonte, de Santa María de la Alhambra, de la Virgen de las Angustias; conventos como el de San Antón; colegios como el de San Bartolomé y el de Santiago; y obras monumentales como el Triunfo de la Inmaculada o la portada principal de la catedral.

◀ El patio de los Leones, en la Alhambra, en un grabado del siglo XIX.

El siglo XVIII se inicia con acontecimientos que alteran la vida nacional y local. Llega al poder la nueva dinastía de los Borbones en la figura del rey Felipe V y la población sigue un lento crecimiento (con alta natalidad y mortalidad), sin grandes catástrofes que lo alteren sustancialmente. En este ambiente la ciudad no cambiará demasiado aunque siguen creciendo los barrios, entonces periféricos, de San Justo y las Angustias. También se realizaron en esta época los paseos de la ribera del Genil, las sacristías de la cartuja y la catedral, la iglesia de San Juan de Dios y el palacio del Conde de Luque (hoy Escuela Universitaria de Traductores), en los que se entremezclan el barroco y los elementos neoclásicos.

La vida transcurre con una monotonía provinciana solo rota por la guerra de Sucesión a la corona española, la posterior visita del nuevo rey Felipe V y las celebraciones que tuvieron lugar en el año 1760 por la proclamación de Carlos III. Por lo que a las artes se refiere, el barroco sigue predominando en sus edificios, con arquitectos y artistas como Hurtado Izquierdo, que trabaja en la iglesia del Sagrario, en la catedral y en el monasterio de la Cartuja. Destacan imagineros como Risueño y Duque Cornejo, continuadores de las enseñanzas de Alonso Cano.

El siglo XIX

El siglo XIX se inicia con una ciudad que sigue centrada en la producción agrícola y en los servicios, y que ya desde fines del siglo XVIII ha perdido gran

▼ Vista aérea de la ciudad de Granada.

parte de su industria sedera. El centro comercial sigue siendo el mismo (Alcaicería, plaza de la Bib-Rambla, Zacatín y la calle de Mesones).

Será durante la dominación francesa cuando se modifique el entramado urbano, la zona del Campillo y la ribera del Genil, que con la construcción de puentes y paseos sufren una gran transformación.

También la Alhambra sufrirá la destrucción de torres y murallas, así como de diversos edificios religiosos que son arrasados o convertidos en almacenes o cuarteles (la iglesia de San Agustín, la del Ángel, el monasterio de San Jerónimo y en parte la ermita de San Miguel).

El Albayzín mantiene sus casas ajardinadas, los llamados cármenes, y un entramado urbano casi idéntico al que se conoce en la actualidad. El Sacromonte permanece inalterado como barrio de carácter marginal.

Tras la dominación francesa, los sucesivos gobiernos municipales van a convertir el siglo XIX en una etapa especialmente destructiva. La desamortización de los bienes eclesiásticos y su venta en pública subasta hizo perder a la ciudad edificios como los conventos de la Trinidad, del Carmen o el de la Victoria; otros pasaron a manos militares como el de la Merced o el de San Jerónimo y otros sufrieron mutilaciones como la Cartuja y Santo Domingo. Además, se derribaron puertas y tramos de muralla que frenaban la expansión de la ciudad –así cayeron la puerta de los Molinos, la del Pescado, la del Sol, la de la Alhacaba y el arco de las Orejas–. Solo el Albayzín, aunque con pequeñas modificaciones, y los jardines del Triunfo (próximos a los actuales) permanecieron intactos.

La mejora de las comunicaciones tardará en llegar para dinamizar la vida económica; en 1862 se instala el ferrocarril, aunque únicamente con servicio a Málaga.

La población mantiene la misma estructura hasta mediados de siglo, pero las crisis de subsistencia provocadas por la pobreza, la guerra de la Independencia contra los franceses y las consecuencias de la pérdida de las colonias americanas frenarán su desarrollo. Será ya a final de siglo, con la industria azucarera, cuando la ciudad va a contar con excedentes financieros privados que se volcarán en operaciones urbanísticas para transformarla.

En lo que respecta al panorama cultural, la Universidad, establecida ya en los edificios que fueron hasta el siglo XVIII de la Compañía de Jesús, no termina de salir de su apatía y languidez. Aparecen otras

▲ El río Genil a su paso por Granada.

instituciones como el Liceo Artístico y Literario y posteriormente el Centro Artístico. Surgen tertulias en las que se integran figuras de la intelectualidad del momento, como el escritor Pedro Antonio de Alarcón; y la llamada Cofradía del Avellano (junto a la fuente homónima, situada a las orillas del río Darro), un grupo de intelectuales, con Ganivet a la cabeza, que analizan la realidad granadina y española.

▎ Del siglo xx a nuestros días

El siglo xx vive profundos traumas políticos: la dictadura del general Primo de Rivera, la II República, la sublevación del general Franco y la instauración de un largo régimen autoritario hasta 1975. En este marco político, la historia urbana de Granada no aporta grandes novedades. Solo experimenta un fuerte crecimiento demográfico que desborda el marco físico. La ciudad sigue centrada en torno a Puerta Real, el Ayuntamiento, la catedral y la Plaza Nueva.

El acontecimiento urbano más importante es sin duda la construcción de la Gran Vía de Colón, iniciada en 1895, y trazada con un estilo ecléctico propio de la época. Su construcción supuso la destrucción de un barrio completo –la Medina– y con ella la de muchos edificios irremplazables. Junto a esta gran obra, se realizan en este siglo otras menores como la instalación de las aguas potables y la organización de una red de tranvías urbanos e interurbanos, que comunican los pueblos de la vega y mejoran la calidad de vida granadina. Asimismo surgen en esta época la avenida de Alfonso XIII (hoy avenida de la Constitución), el camino de Ronda a la ciudad y monumentos como el de las Capitulaciones de Colón con los Reyes Católicos, en los jardines del Salón (actualmente situado en la plaza de Isabel la Católica). Se dan, además, algunos retoques a los jardines del Triunfo.

Con la victoria y estabilización del régimen del general Franco, se realizan diversos proyectos, anteriores y otros nuevos. Se trata de obras menores que dan carácter y estilo a la ciudad actual. Algunos ejemplos son la reforma de la Madraza, de la Alcaicería y de los mercados; resulta especialmente destacable la reforma que se llevó a cabo en el barrio de la Manigua, en lo que hoy es calle Ganivet.

Entretanto, se finalizaban obras, ya iniciadas como la facultad de Medicina y el Hospital Clínico, se adapta el palacio del Conde de Luque para que haga las funciones de facultad de Filosofía y Letras (en la actualidad es Escuela Universitaria de Traductores), se crea la nueva facultad de Ciencias y se llevan a cabo reformas en el edificio del Rectorado (hoy facultad de Derecho).

El crecimiento demográfico fuerza la aparición de barriadas periféricas de irregular trazado, como el barrio del Zaidín, de la Cartuja y del Almanjayar (avanzada la década de los sesenta). También afronta la construcción de los actuales jardines del Triunfo y de algunos proyectos pendientes, como la prolongación de la Gran Vía. El Albayzín se deteriora grandemente, pero mantiene su entramado original.

Sin embargo, todas estas reformas no derivan ni son causa de un cambio en la función de la ciudad, que sigue siendo básicamente administrativa, cultural y turística. Esta última faceta se acentúa aún más, si cabe, con la puesta en explotación de la estación de esquí de Sierra Nevada.

En el ámbito de la cultura, el siglo xx supone un resurgimiento de la universidad, especialmente durante los años 30, y la proliferación de numerosas tertulias –como las de el Polinario o el Rinconcillo–, que acogen a figuras de la intelectualidad burguesa granadina como Manuel de Falla, Manuel Ángeles Ortiz y Federico García Lorca...

Nuevos centros como el de Estudios Históricos de Granada y su Reino revitalizan la cultura científica y celebraciones artísticas como los Festivales Internacionales de Música y Danza convierten a la ciudad en un importante centro cultural y turístico.

▼ Vista de la ciudad de Granada en la actualidad.

Visita a Granada

Granada

Gracias a la Alhambra, el Castillo Rojo de los reyes nazaritas, Granada es una de las ciudades españolas más conocidas en el mundo. Se halla entre la llanura y las colinas de la Alhambra y el Albayzín, a los pies de las cumbres siempre blancas de Sierra Nevada. En Granada se reúnen magníficos monumentos, especialmente los que pertenecen a la época de dominación árabe, casas y palacios señoriales y la atmósfera de sus barrios más pintorescos, resultando una ciudad única por su carácter y de un atractivo muy especial.

LA ALHAMBRA Y EL GENERALIFE

▌LA ALHAMBRA ✱✱

Este conjunto urbano y monumental constituye una ciudad que está netamente separada de la Granada actual, tal y como también lo estuvo de la antigua. En efecto, desde el siglo XIII, la Alhambra y el Generalife configuraron una auténtica urbe independiente, no solo en el aspecto físico, sino también en el aspecto administrativo y político, ya que contaban con gobernadores propios y una administración separada. Esta situación se mantuvo hasta el siglo XX, en que se creó, para la conservación del conjunto, un Patronato que continúa en la actualidad ocupándose de su cuidado y restauración. Se recomienda el inicio de la visita por la alcazaba, continuar por la zona de los palacios y recorrer, a continuación, los jardines del Partal. Desde estos se puede acceder directamente al Generalife o salir a la calle Real, en la que comercios y restaurantes ofrecen un breve reposo, para seguir después hasta el Generalife a través del bosque. La Alhambra, anclada en la colina de la Sabika, frente al Albayzín y la primitiva alcazaba Cadima, constituye una mágica nave del romántico puerto de estrellas, parafraseando a Federico García Lorca. Desde ella se domina el valle del Darro, el Albayzín y la ciudad entera. Desde sus torres se contempla una bella perspectiva de la Vega.

El acceso puede realizarse a pie, en autobús urbano o en automóvil desde la autovía de circunvalación, existiendo un amplio aparcamiento en las proximidades de la ciudad palatina. Lo mejor es subir a pie. En este caso existen tres caminos: la **cuesta de los Chinos**, también llamada del Rey Chico; la **cuesta del Realejo** y la **cuesta de Gomérez**. Sea como sea, hay que subir hasta la plaza de la Alhambra, en lo más alto de la Sabika, monte en el que se emplaza el monumento, donde se encuentra el acceso. El camino más usual para subir a pie es la cuesta de Gomérez, que, arrancando desde la céntrica Plaza Nueva, lleva a la **puerta de las Granadas,** obra del arquitecto renacentista Pedro Machuca. Desde aquí, parten tres caminos. Es aconsejable tomar el del centro, eje del magnífico bosque que cubre la falda de la colina, soberbio pulmón natural con especies centenarias, entre las que se cuentan los robles, olmos, castaños de Indias, etc., y por cuyas acequias corre cantarina el agua, uno de los principales y más sugerentes atributos del conjunto monumental. Este camino permite descubrir, en primer lugar, la **puerta de las Orejas**. Poco después, en una umbría glorieta, se encuentra el monumento

▌ Planificación de la visita

A continuación se describe la ciudad de Granada a través de seis itinerarios por otras tantas zonas urbanas. Si se dispone de un solo día para visitar la ciudad, se sugiere dedicarlo a **La Alhambra y el Generalife,** descritos en el primer itinerario. Si esta visita se ha hecho con algo de prisa (nada recomendable), se puede intentar visitar alguno de los monumentos más importantes de la ciudad baja, que son descritos en el segundo itinerario. Si se cuenta con dos días como mínimo, entonces se sugiere además de la Alhambra y el Generalife, una visita a la **ciudad baja,** donde se concentran la mayoría de los monumentos construidos con posterioridad al año 1492, en que se dio fin a la presencia musulmana, y un agradable paseo por el **Albayzín,** descrito en el quinto itinerario.

Si se dispone de más días, el resto de los recorridos le ofrece una amplia gama de alternativas de visita.

Las estrellas (✱ o ✱✱) que acompañan a los monumentos hacen referencia a su importancia o especial interés. Para facilitar la visita se dispone de un **plano** de la ciudad en las páginas 46-47. El símbolo ⓞ remite a la localización en el plano.

• • • • • • • •

ⓞ B3
Puerta de las Granadas

● ● ● ● ● ● ● ●

🕐 B3
Puerta de la Justicia
Pilar de Carlos V
Puerta de los Carros

● ● ● ● ● ● ● ●

🕐 A4
Puerta de los Siete Suelos

● ● ● ● ● ● ● ●

🕐 A-B3-4
La Alhambra
y el Generalife
🖾 Real de la Alhambra, s/n.
☎ 958 027 971.
🌐 www.alhambra-patronato.es
🕐 Visita diurna: del 1 de abril al
14 de octubre, de 8.30 h a
20 h; del 15 de octubre a 31
de marzo, de 8.30 h a 18 h.
Visita nocturna: del 1 de abril
al 14 de octubre, de 22 h a
23.30 h; del 15 de octubre
a 31 de marzo, de 20 h a
21.30 h.
🎟 Es aconsejable comprar
las entradas con antelación ,
(https://tickets.alhambra-
patronato.es o en el
telf. 858 889 002).

◆ Patrimonio Mundial Unesco

● ● ● ● ● ● ● ●

🕐 B3
Puerta del Vino

● ● ● ● ● ● ● ●

🕐 B3
Alcazaba
🖾 Real de la Alhambra, s/n.

dedicado a Ángel Ganivet, esculpido por el almerien-
se de Ohanes Juan Cristóbal en 1921.

Una vez en el recinto, la visita puede iniciarse
por el interior o por el exterior del monumento. Si
se ha subido por el camino del centro, resulta más
interesante realizarla por el exterior, para alcanzar
la **puerta de la Justicia,** después de dejar atrás la
puerta de los Siete Suelos, la **torre de las Cabe-
zas** y la **puerta de los Carros**. Junto a la puerta
de la Justicia se sitúa el famoso **pilar de Carlos V**,
mandado construir por el conde de Tendilla y diseñado por Pedro Machuca. Los mascarones por los
que fluye el agua constituyen símbolos de los tres
ríos que cruzan Granada, el Genil, el Darro y el Beiro.

Desde el pilar, la **puerta de la Justicia** resulta majestuosa. Se abre en forma de gran arco de herradura,
encuadrado en ladrillo, con dintel adovelado. En el
centro figura una mano grabada en mármol, amuleto
para unos y para otros representación de los cinco
principios del Corán. Este arco da paso a otra puerta
interior con arco de herradura labrado en piedra, sos-
tenido por medias columnas con capiteles cúbicos y
adornado con conchas. En la dovela central del dintel,
aparece representada una llave. La leyenda cuenta
que la unión de la mano y la llave marcará el comienzo
de una nueva dominación árabe en la Alhambra.

Por encima de la llave, aparece una inscripción
árabe relativa a la construcción de la torre. Sobre
esta faja, puede contemplarse una hornacina con una
escultura del siglo XVI, que representa a la Virgen y
al Niño. Seguidamente se encuentra un zaguán con
asientos para la guardia. Su planta hace zigzag y está
cubierta por una bóveda esquifada, baída y de lunetos. En el recodo final aparece un retablo del siglo XVI.
Este amplio vestíbulo termina en un arco de herradura
con decoración de azulejos que da salida a la torre.
Una calle amurallada en su lado izquierdo, con restos
de sepulturas árabes, desemboca en la plaza de los
Aljibes, a la que cerraba la **puerta del Vino**.

La plaza, construida en 1494 sobre el barranco
que separaba los palacios de la zona militar o alcazaba, ofrece en su frente norte una bella perspectiva
del Albayzín y de las murallas de la ciudad.

❙ ALCAZABA
Al oeste de la plaza de los Aljibes se destaca la imponente masa de la alcazaba, núcleo primitivo de la
Alhambra. Se trata de una fortaleza construida por
Muhammad ben Alhamr, primer rey nazarí, sobre
restos de construcciones anteriores. De apariencia
austera, como corresponde a una zona militar, dispone

▲ Alcazaba.

de fuertes murallas y torreones, que albergan áreas de residencia castrense con baño y aljibe para servicio de la guarnición, talleres, mazmorras y caballerizas.

A la derecha del recinto queda el Albayzín, con el que se comunicaba a través de la puerta de las Armas y del puente del Cadí; a su izquierda, se encuentran la cuesta de Gomérez, la muralla y las **torres Bermejas.** Por encima de todo este conjunto se eleva la torre de la Vela, tópica y típica imagen de la ciudad. Desde ella se contempla una impresionante vista de la ciudad y de la vega. Tres torres jalonan la muralla a la entrada de la alcazaba: la **torre del Adarguero,** a la izquierda; la **torre Quebrada,** en el centro; y la **torre del Homenaje,** a la derecha. Junto a esta última, en el muro exterior, se alza la **torre del Cubo,** construida en el siglo XVI sobre una puerta-torre anterior que se conserva debajo de ella. A un lado de la torre del Homenaje, pasado el muro interior, se ven las torres de la terraza de la puerta de las Armas, desde la que se domina la línea de muralla que protegía la alcazaba. Casi enfrente de esta terraza, sobre el **jardín de los Adarves,** se sitúa la **torre de la Sultana,** que domina la parte sur de la ciudad. Desde la plaza de Armas, atravesando el **baño de la Alcazaba,** al pie de la torre de la Vela, se accede a la **torre de la Pólvora,** que tiene una placa en la que se resume, en unos versos de Francisco de Icaza, la enorme belleza de estos rincones:

Dale limosna, mujer,
que no hay en la vida nada
como la pena de ser
ciego en Granada.

A continuación se eleva la **torre de la Vela,** impresionante fortaleza que domina la ciudad. En la terraza superior, probablemente almenada en

◉ C3
Torres Bermejas

◉ B3
Torre de la Sultana
Torre de la Vela

▼ Puerta del Vino.

GRANADA

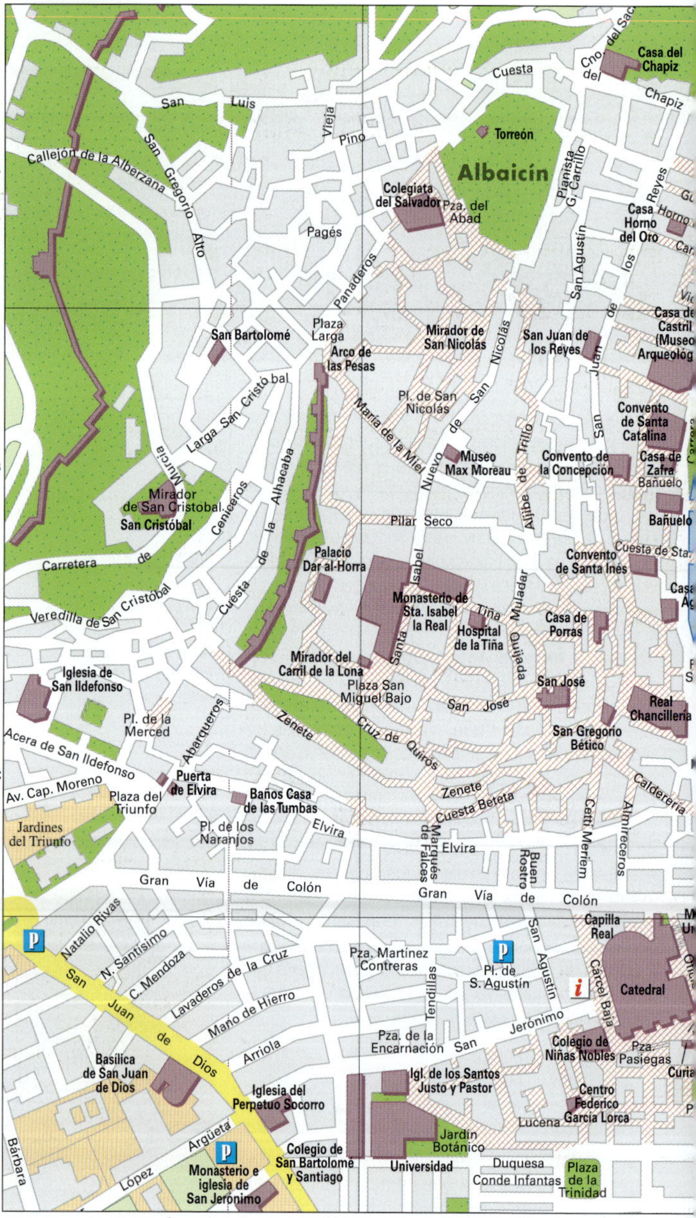

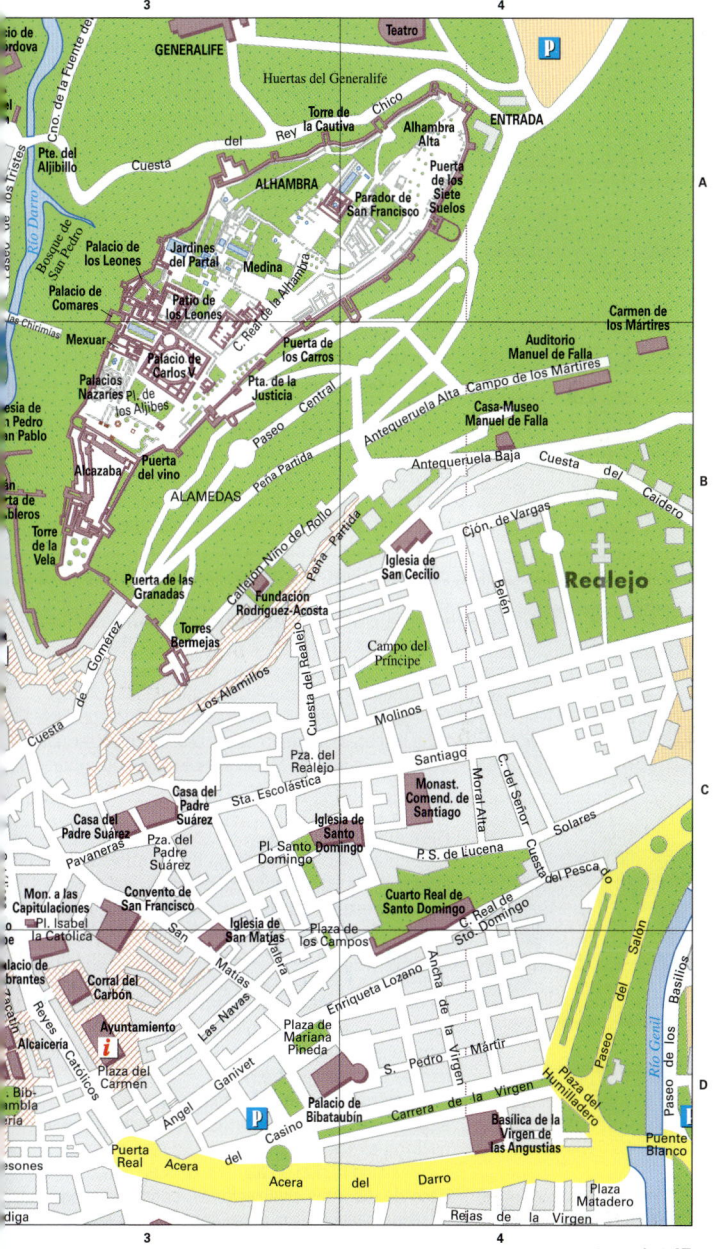

origen, se instaló tras la conquista una campana que regulaba los riegos de la vega y que puede ser tañida por todo el que lo desee, la víspera y el día del aniversario de la toma de la ciudad (el 2 de enero); y el día de la Virgen del Rosario, en recuerdo de la batalla de Lepanto. La puerta del recinto alto de la alcazaba, que conserva una bella bóveda, conduce a la parte inferior de la torre de la Vela, en la que se hallaban las caballerizas y diversos almacenes.

Tras ellos, aparece la **puerta de las Armas,** típica puerta árabe, que daba acceso a la alcazaba desde la ciudad. El exterior presenta una sencilla fachada de ladrillo con arco de herradura; el interior, decorado con azulejos, y asientos para la guardia, tiene arcos de herradura y bóvedas de gallones y esquifadas.

Termina esta puerta en un sencillo arco, que da al comienzo de una calle intramuros. Esta conduce hasta la **puerta de la Tahona,** construcción cristiana, que da acceso al **patio de la Madraza de los Príncipes,** que junto con el **patio de Machuca** son lugares de entrada a los palacios reales. El primero de los patios conserva restos de viviendas militares, en donde habría estado situado el control para la entrada a los palacios. El segundo, llamado de Machuca por haber sido residencia de los arquitectos de este nombre, presenta una típica estructura musulmana; tiene una alberca central y galerías laterales, de las que solo se conserva una de ellas (la situada al norte), formada por nueve arcos festoneados sobre columnas de mármol. Termina así el recorrido por una zona militar, casi exenta de decoración, que traslada al visitante a la Edad Media musulmana, a los primeros días de la dominación árabe de Granada.

❙ PALACIOS NAZARÍES

Tres palacios construidos en diferentes períodos integran la zona residencial: el palacio del Mexuar, en donde estuvieron instalados la cancillería y la alta burocracia, los despachos de los visires o ministros y las oficinas de los secretarios (fue en gran parte destruido por Yusuf I para la construcción del palacio de Comares); el Serrallo o palacio de Comares y el Harén o de los Leones, obra de Muhammad V. Estos tres núcleos alhambreños concentran las características básicas del arte nazarí.

La estructura arquitectónica, la vegetación, el agua y el color de su abigarrada decoración de yeso rivalizan ofreciendo un maravilloso conjunto que, si bien ha sido herido en algunas de sus partes por el paso de distintas civilizaciones, conserva todavía el encanto y la belleza de su época de esplendor.

I EL PALACIO DEL MEXUAR

Desde la alcazaba, atravesando el patio de la Madraza de los Príncipes y el patio de Machuca, se accede al palacio del Mexuar. La entrada del Mexuar está formada por cuatro columnas que probablemente soportaron en otro tiempo un segundo piso y una cúpula superior, destruidos por las evidentes reformas cristianas. En la decoración se entremezclan azulejos sevillanos que imitan a los arábigos, águilas imperiales, escudos y otros símbolos castellanos. La sala fue reformada en la época cristiana para usarla como capilla, conservando franjas con inscripciones epigráficas y geométricas, y techos con artesonado de imitación.

Al fondo de la sala se puede ver un pequeño oratorio muy restaurado, ya que quedó destruido por una explosión que tuvo lugar en 1590. Cuenta con cuatro balconcillos con bellas columnas y capiteles de mármol, y un pequeño *mihrab* con arco de herradura, muy decorado con inscripciones epigráficas de tema religioso y laudatorias de Muhammad V. Desde aquí se contempla una bella panorámica del Albayzín, del río Darro, de la muralla y de parte de la ciudad baja.

I EL CUARTO DORADO

Un pequeño pórtico, con columnas y capiteles orientales de los siglos XII y XIII, conduce al famoso cuarto, obra de Muhammad V. El salón o cuarto es de planta rectangular. En su parte frontal se abre un balcón con columna en el centro y capitel cristiano con emblemas de los Reyes Católicos. La cubierta, restaurada con decoración gótica, se adorna igualmente con el yugo y las flechas.

▲ Interior del palacio de Comares..

• • • • • • • • •

🕐 B3
Palacios Nazaríes
Palacio del Mexuar
Cuarto Dorado

◄ Patio de los Arrayanes.
▼ Palacio del Mexuar.

▲ Patio del Cuarto Dorado.

• • • • • • • •

🕐 A-B3
Palacio de Comares

▼ Un detalle de la rica
ornamentación del
palacio de Comares.

Desde el balcón se observa otra bella perspectiva de la ciudad y de la inmensa mole de la torre de Comares, con su almenado pasillo para la guardia.

❚ PALACIO DE COMARES

Frente al Cuarto Dorado, un patio –en cuyo frente hay una gran portada ricamente decorada– conduce a la parte central de este palacio. Esta portada es la denominada **fachada de Comares,** obra de Yusuf I, iniciador de la construcción del palacio, que concluyó su hijo Muhammad V. Según el profesor García Gómez, la citada fachada fue trasladada, por orden de Carlos V, al lugar en que se encuentra hoy, siendo su emplazamiento original el lado sur del patio de los Arrayanes. En ella se abren dos puertas con zócalo de cerámica y dinteles de yeso adovelados. Sobre ellas destacan dos ventanas gemelas y otra, más pequeña, en el centro, con inscripciones coránicas. Culmina la fachada una doble cornisa, una de mocárabes y otra de madera ricamente labrada. La totalidad del conjunto cuenta con una rica decoración epigráfica y de lacería, encuadrando medallones y escudos de la dinastía nazarí con el lema: "Solo Dios es vencedor".

La puerta de la izquierda lleva, a través de una entrada en zigzag, al **patio de los Arrayanes** –núcleo del palacio– también conocido como patio de la Aberca o del Serrallo. Este patio está centrado en torno a un gran estanque de forma rectangular, con dos fuentecillas de mármol en sus extremos, en las que se reflejan los bellos pórticos. En los testeros norte y sur se enlazan siete arcos semicirculares calados, sostenidos seis de ellos por capiteles cúbicos, siendo el central, más alto y con capitel de mocárabes. Están adornados con rombos ceñidos por lazos y por alabanzas a Dios. La arcada sur, cubierta con techo de lazo y siete cupulillas, introduce al visitante en las construcciones cristianas del palacio del emperador Carlos V. La segunda planta de la arcada se adorna con modernas celosías. La arcada norte, de igual factura, ofrece en la parte superior un parapeto almenado con torrecillas laterales. Ambas galerías tienen en los extremos alacenas con arcos agallonados, cúpulas y bazares. Sobre los zócalos de azulejos figuran inscripciones religiosas y poéticas de Ibn Zamrak, cantor de Muhammad V. Entre ellas destaca una en la que el poeta ensalza a su rey y que dice, textualmente:

"¡Oh tú, alto, liberal, valiente, manso, de más noble linaje que la estrella. De divina piedad tu orto fue signo, por blanquear cuanto tiznó lo injusto. Hasta el ramo proteges de la brisa y hasta a la estrella asustas en el cielo: si los astros tililan, es de espanto; de gratitud, los sauces si se doblan".

Las habitaciones superiores de los márgenes del patio no presentan decoración alguna, a excepción de las ventanas enmarcadas.

En la galería norte se halla la **sala de la Barca,** de paso al salón de Embajadores o de Comares. La sala de la Barca, llamada así por la derivación castellana de la palabra *baraka* que significa bendición y que se repite en las paredes, se cubre con una bóveda semicircular terminada en los vértices laterales en cuartos de esfera. Los muros están muy adornados con ricas yeserías entre las que figuran los escudos de la dinastía nazarí, la palabra *baraka* y el lema "Solo Dios es vencedor".

A través de un doble arco, con festón de bovedillas y mocárabes, se puede acceder al **salón de Embajadores** o **de Comares,** flanqueado en la entrada por hornacinas en las que se colocaban agua y flores. Este salón, que estuvo solado en mármol, es de forma cuadrada. Al fondo y en los laterales, tres arcos dan ingreso a unos camarines con balcones, que abiertos en el espesor del muro de la torre asoman (seguramente debieron estar cerrados con cristales de colores) al Albayzín y al valle del río Darro.

Rodea la gran sala un zócalo de cerámica vidriada, sobre el que figura una intensa decoración de yeserías –originariamente policromada– de tipo geométrico y vegetal, entremezcladas con inscripciones poético-religiosas que terminan en una gran faja superior sobre la que se apoya una gran cúpula.

En esta, obra maestra de la carpintería nazarí, se reflejan en madera los siete cielos del paraíso musulmán, sembrados de estrellas y lunas pintadas en blanco para producir la sensación de nácar o de plata.

▲ Salón de Embajadores o de Comares.

• • • • • • • •

⊙ A3
Palacio de los Leones

▼ Sala de los Abencerrajes.

EL PALACIO DE LOS LEONES

En este palacio, el arte nazarí alcanza su máxima expresión y belleza. Todo en él es finura y sensibilidad. La luz, el color, el agua y la vegetación se integran con la arquitectura frágil, aérea e inanimada en la que se agotan las posibilidades decorativas. El núcleo del palacio de los Leones es el conocido **patio** al que se accede por la **sala de los Mocárabes,** pieza rectangular con decoración epigráfica y heráldica, rematada con arcos de mocárabes. Dicho patio que la mayoría de los textos considera rectangular, pero que, en realidad, consiste en un trapecio de lados levemente desiguales, está rodeado por una galería estrecha, sostenida por dobles columnas de mármol que aparecen anilladas o en haces de tres o cuatro. Sobre ellas, unos pilares de ladrillo sirven de soporte a un dintel que sostiene la planta superior. Los arcos, de yeso y calados, se convierten así en elementos decorativos. Dos torreones o templetes avanzan sobre el patio con cúpulas de madera. Diversos canalillos de mármol conducen el agua desde las habitaciones que rodean el patio hacia la fuente central, que está apoyada en doce leones. Doce versos de Ibn Zamrak están grabados en ambos lados del dodecágono, que forma el borde marmóreo del tazón de la fuente.

A la derecha de la sala de los Mocárabes, se abre la **sala de los Abencerrajes,** así llamada por creer que en su fuente central fueron ejecutados los miembros de esta familia granadina durante las luchas internas del reino. Dieciséis ventanas iluminan este salón de forma cuadrada, con alcobas a sus lados, bello zócalo de azulejos y paredes ricamente decoradas con yeserías policromadas. Esta estancia, decorada con una bellísima cúpula de mocárabes, tiene una planta estrellada y se apoya sobre ocho trompas también de mocárabes.

Frente a esta sala, en el lateral contrario del patio, se encuentra la **sala de Dos Hermanas,** denominada así por las dos losas de mármol blanco de su suelo. Forma parte, como la anterior, de la zona reservada para vivienda, es también cuadrada y cuenta con una fuente central. Tiene asimismo salitas laterales con techo de lacería. La sala está cubierta con cúpula de mocárabes; dispone de un zócalo de azulejos y las paredes están tapizadas con yeserías policromadas a la manera nazarí, con lazos, decoración vegetal y escudos dinásticos. Al fondo, la **sala de los Ajimeces** se asoma a un bello jardín a través de una pequeña ventana decorada con yeserías y mosaicos cerámicos, conocida como el **mirador de Lindaraja.** El jardín, que había hasta la muralla, se cerró en la forma actual al ser construidas las habitaciones para el emperador Carlos V en el siglo XVI.

En el frente este del patio de los Leones se abre la **sala de los Reyes.** Es rectangular y tiene acceso por tres pórticos con arcos de mocárabes, calados y sostenidos por finas columnas de mármol. Se divide esta sala en tres compartimentos separados por dobles arcos. En el fondo de cada uno de ellos se abren tres alcobas con cúpulas de madera forradas de cuero pintado; la central representa, en actitud de conversar, a los diez primeros reyes de la dinastía nazarí; y las laterales representan escenas románticas y cabellerescas. Las pinturas son de estilo italiano del siglo XV. Sobre un lateral se abre la **puerta de la Rauda,** probablemente parte de un palacio anterior, por la que se pasa a la zona de los jardines del Partal.

LOS BAÑOS DE COMARES

Se accede a ellos atravesando el patio de Lindaraja. Construidos por Yusuf I, mantienen la estructura típica de los baños árabes. Los versos de Ibn al-Yayyab nos dan la bienvenida: "Entra, en nombre de Dios, en la mejor de las casas, lugar puro y mansión de reflexión. En el baño de la casa real se han hecho con cuidado grandes inteligencias. En él se cumplen los deseos pues te cubren dos contrarios, agua y fuego".

Los baños constan de tres habitaciones. La primera es la **sala de las Camas,** que está muy restaurada. Era una zona de descanso y en su planta superior se instalaban cantores y músicos que entonaban melo-

A3
Baños de Comares

▼ En el patio del palacio de los Leones se encuentra la famosa fuente que da nombre al conjunto.

▲ La torre de las Damas,
en los jardines del Partal.

días para entretener a los que esperaban. Tras ella, se hallaban las cámaras de vapor, todavía en pie. Por el subsuelo de esta sala discurrían diversos conductos que calentaban la estancia.

La tercera sala es la de los baños propiamente dicha. Se trata de dos "bañeras" de diferente tamaño, que disponían tanto de agua fría como de agua caliente. Se pueden recorrer, antes de volver a los jardines del Partal, las habitaciones que ocupó Carlos V, de bellos artesonados e inscripciones heráldicas.

Otra opción interesante es asomarse al **peinador de la Reina,** desde donde puede contemplarse una espléndida perspectiva del Albayzín, del Sacromonte y de los lienzos de la muralla del norte de la ciudad. Siguiendo la línea de murallas y torres, se puede acceder directamente al Generalife a través de un moderno puente elevado sobre la cuesta de los Chinos, barranco que separa a aquel de la Alhambra. Si el visitante lo prefiere, puede salir a la calle Real, en la que encontrará, en primer lugar, el actual **parador de turismo** de San Francisco. Fue originariamente un convento, construido en 1495, sobre un antiguo palacio árabe, y en él quedaron instalados los sepulcros de los Reyes Católicos hasta la terminación de la Capilla Real.

❙ JARDINES DEL PARTAL

Construidos entre la muralla que se extiende al este de la Alhambra y a los pies de la iglesia de Santa María –lugar de la antigua mezquita–, acogen, entre el verdor de las plantas y el sonido de las fuentes, diversos edificios.

A la entrada de los jardines se destaca la **torre de las Damas.** A sus pies, un gran estanque rectangular sugiere la típica estructura de un palacio musulmán.

⊕ A3
Jardines del Partal

En efecto, en ese mismo lugar se alzó en el siglo XIII un palacio, aunque de él solo pervive el pórtico que preside el estanque y el mirador sobre el valle del río Darro. La decoración de esta zona es, problamente, la más antigua de la Alhambra; se halla muy deteriorada.

Frente a la torre, al otro extremo del estanque, se encuentran dos leones de piedra, de época posterior. Un pequeño oratorio, de la misma época y con abundante y típica decoración epigráfica, ocupa el extremo norte del patio.

I IGLESIA DE SANTA MARÍA

Al final de la citada calle, antiguo núcleo de la vida civil de la Alhambra, se encuentra la iglesia de Santa María de la Alhambra, obra realizada por el arquitecto Ambrosio de Vico en el siglo XVII.

La planta es de cruz latina, con capillas laterales, en las que se pueden contemplar esculturas de artistas granadinos como Alonso de Mena y Torcuato Ruiz del Peral. La fachada es de ladrillo y mampostería.

I PALACIO DE CARLOS V

Este palacio es la huella que el emperador Carlos V quiso dejar de la visita que hizo a Granada en 1526. Lo levantó Pedro Machuca, conocedor de Miguel Ángel, que plasmó en el edificio el espíritu del Renacimiento italiano. La construcción quedó interrumpida por los avatares de la sublevación morisca de 1568. En 1579 se reanudaron las obras, quedando paralizadas de nuevo en el siglo XVII. La versión definitiva no se terminó hasta época reciente. Otros arquitectos –como Orea, influido por el constructor del Escorial, Juan de

▲ Torre de la glesia de Santa María vista desde el palacio de Comares.

• • • • • • • • •
🕐 A-B3
Iglesia de Santa María

• • • • • • • • •
🕐 B3
Palacio de Carlos V

▼ La Alhambra vista desde el Generalife.

El tributo morisco

Como previsión a la inminente llegada a Granada del emperador Carlos V y su esposa Isabel de Portugal en la primavera de 1526, las autoridades granadinas mandaron pregonar un bando según el cual se ordenaba que, durante la estancia de los monarcas, ningún morisco osase comparecer en la ciudad vestido a la usanza musulmana. Hubo agitaciones y revueltas, de cuyas resultas murió un niño cristiano en la confusión de una refriega. Irritó ello tanto a los cristianos que aconsejaron al monarca el mayor rigor en el castigo. Se promulgó entonces el edicto, sancionado por el emperador, de prohibición para siempre de los trajes árabes, así como que ni de noche ni de día pudieran sus casas permanecer cerradas, junto con la orden al Santo Oficio de que se trasladase cuanto antes a Granada desde Jaén, donde tenía su sede. Puede entenderse la compunción de los moriscos, los cuales sin embargo arbitraron una solución, que otra no fue que reunir ochenta mil ducados, sobre las alzadas gabelas que ya sobre sí pesaban. Estos le fueron ofrecidos por Abul Aswad, anciano venerado por todos los moriscos, al emperador, con la implícita petición de clemencia. El emperador, siempre falto de liquidez, aceptó, en concepto de multa, el tributo, que supuso el empobrecimiento de muchas familias, y derogó las órdenes; órdenes que contravenían las Capitulaciones firmadas por sus abuelos los Reyes Católicos. Una tradición firmemente asentada en cronistas de la época arguye que con no otro dinero que diez mil de estos ducados se comenzó a edificar el palacio de Carlos V en la Alhambra.

Herrera– intervinieron en la realización del proyecto. El palacio combina la planta cuadrada para su conjunto exterior y la circular para su patio interior, creando así una fórmula original, pero no única, de la arquitectura del renacimiento. La austeridad de las paredes se complementa con una fina decoración que no recarga los muros exteriores, sino que le añade un punto de sensibilidad humanista, entre unas líneas arquitectónicas que rompen con volúmenes diferentes la seriedad constructiva. Consta en el exterior de dos cuerpos. El inferior, de orden toscano y almohadillado, bastante sobrio, está apoyado en un amplio zócalo. El cuerpo superior es, sin embargo, mucho más recargado en su decoración, los balcones acogen en sus dinteles y frontones, guirnaldas de flores, frutas, granadas, escudos y angelillos, que quedan enmarcados por bellas pilastras jónicas.

La **portada principal,** frente a la alcazaba, es de orden dórico en el cuerpo inferior, con dobles columnas estriadas y entablamento de triglifos y metopas. El conjunto se apoya en grandes pedestales con bellos bajorrelieves: los del centro representan el triunfo de la paz, con las columnas de Hércules y los símbolos imperiales; los laterales reproducen una batalla –tal vez, la de Pavía– con escenas de lucha, jinetes e infantes. El cuerpo superior presenta tres balcones con columnas de estilo jónico y sobre ellos hay tres medallones con hermosos relieves, que representan los trabajos de Hércules.

La **portada lateral,** situada al sur, tiene cuerpo inferior jónico, con grandes pedestales que soportan leones recostados y bajorrelieves inacabados, de temas guerreros. Sobre la puerta, aparecen las figuras aladas de la Fama y la Victoria. El cuerpo superior de esta portada tiene dobles columnas corintias sobre pedestales con relieves.

En el interior un zaguán, con bóveda rebajada con lunetos y hornacinas para esculturas, nos conduce al gran **patio** central, formado por treinta y dos columnas dóricas sobre las que se sustenta una bóveda anular rebajada. El segundo piso tiene columnas jónicas y techo de artesonado de época reciente. El círculo del patio, al insertarse en el cuadrado, origina cuatro espacios en las esquinas, tres de ellos destinados a escaleras y el cuarto a capilla. Bajo esta se encuentra la cripta para enterramientos reales.

En el interior alberga el **Museo de Bellas Artes** y el **Museo de la Alhambra.**

Ante la explanada del palacio, frente a la alcazaba, el visitante puede descansar o, si lo prefiere, marchar paseando por los bosques hacia el Generalife.

▲ Salas del Museo de la Alhambra, instalado en el palacio de Carlos V.

⦿ B3
Museo de Bellas Artes
✉ Conjunto monumental de la Alhambra y el Generalife. Palacio de Carlos V.
☎ 958 563 508.
🖥 www.museosdeandalucia.es
🕐 Horario: consultar en la web.
🎫 Gratuita para ciudadanos de la UE.

◀ Fachada y patio central del palacio de Carlos V.

• • • • • • • • •

⏱ A3
El Generalife

▲ Patio de la Acequia,
en el Generalife.

▶ Patio del Ciprés de la
Sultana.

▮ EL GENERALIFE ★★

El Generalife está situado en las laderas del cerro del Sol, a los pies de la Silla del Moro, junto a los restos del castillo de Santa Elena. El nombre árabe es *Yen-nat-al-arif,* que significa jardín del paraíso alto.

Es la única huerta que se conserva de las varias que rodeaban la Alhambra. La zona palatina del Generalife se inserta en un jardín de agua y sombra, dispuesto en escalones y paratas, en donde "los surtidores apedrean al cielo con estrellas fugaces y se deslizan a borbotones sierpes de agua, que corren hacia la taza como amedrentadas víboras", en palabras del poeta árabe del siglo XIII, Ben Raia. Su edificación central, aunque es muy pobre, artísticamente hablando, combina el agua y la vegetación con perspectivas insólitas.

El centro del palacio, al que se llega por bellos y modernos jardines, es el **patio de la Alberca** o **de la Acequia.** La galería lateral sobre la Alhambra tiene decoración cristiana y un mirador central con decoración de yesería. Una bella fuente central o acequia con surtidores constituye el núcleo típico del mismo. Al fondo del patio, un pórtico de cinco arcos da acceso a la **sala Regia,** que cuenta con una exquisita decoración de yeserías. Tras ella la **torre de Ismail** se asoma con ventanas y miradores sobre el valle del Darro.

A la derecha de la sala Regia, se encuentra el **patio del Ciprés de la Sultana,** con un romántico estanque cuyo murmullo recuerda la entrevista entre la sultana Morayma, esposa de Boadbil, y Amín Ha-

El ciprés de la Sultana

Llegados al Generalife, en uno de sus patios nos sorprende el tronco muerto de un ciprés siete veces centenario, ahuecado su tronco por las muchas manos que han extraído astillas desde que Víctor Hugo y Chateaubriand iniciasen la costumbre. Este ciprés forma parte de una leyenda que tiene como protagonista a Morayma, a la sazón esposa de Boabdil, último rey de Granada, leyenda que se encuadra en el marco de las luchas fratricidas que enfrentaron a los poderosos linajes de los Zegríes y los Abencerrajes acelerando la agonía del reino granadino. Los Zegríes hicieron correr el rumor de que la reina mantenía una apasionada relación con un Abencerraje y que a la sombra de aquel hermoso ciprés tenían lugar sus citas.

Hábilmente, los Zegríes lograron que el rumor llegara a oídos de Boabdil, el cual, ciego de celos ordenó degollar a la reina y a los Abencerrajes.

La terrible condena se llevó a cabo en la sala de la Alhambra que lleva por nombre el de Abencerrajes. En ella, junto con la reina, fueron degollados treinta aguerridos miembros de esta familia.

El ciprés del amor

Quizás sea el carmen de los Mártires el rincón más romántico de Andalucía, del que se dice fue adquirido por su anterior propietario en tantas monedas como contener pudiesen los bordes de sus tapias. Pasado el lago y el bosque que surca un acueducto, se halla, sobre un altozano, el ciprés del amor, a cuya sombra era tradición que se prometiesen las parejas granadinas, razón por la cual tal vez figuran en su tronco tantas fechas grabadas.

Se cuenta que fue plantado por San Juan de la Cruz y Santa Teresa, en recuerdo de un encuentro que allí celebraron, siendo éste prior del convento que en tiempos fue el carmen. Estos mismos parajes son los que el santo exalta en su *Cántico Espiritual*.

med, caballero Abencerraje. Pendiente de la trágica historia pasada, "el hilo de la fuente se detiene en los aires un instante para aromar de luz a la enramada" como dijera Villaespesa en su *Viaje sentimental.* Aún resuena en este patio la conversación de Andrea Navagiero, embajador veneciano, con Juan Boscán de Almogáver: "tratando en cosas de ingenio y de letras, y especialmente en las variedades de muchas lenguas, me dijo por qué no probaba en lengua castellana sonetos y otras clases de trovas usadas por los buenos autores de Italia". Nacía así, en el patio del Ciprés de la Sultana, el germen de la poesía renacentista española.

Acto seguido se accede a los **jardines Altos** entre el rumor y el misterio del "pasamano de cristal" de la **escalera del Agua.** "El jardín de verdes altozanos se adorna para los espectadores con el color más bello. Los pájaros gorjean en los ramos, como si fueran cantoras inclinadas sobre sus laúdes. El agua continua deja caer sus caños como cadenillas de plata y de perlas. Son esplendores de hermosura tan perfectos, que parecen la belleza de la certidumbre o el brillo de la fe." Así fueron descritos estos jardines por el poeta árabe Abd Allah ben Simak. En la parte superior, un mirador romántico del siglo xix, construido tal vez sobre restos anteriores, da paso al **castillo de Santa Elena.**

CARMEN DE LOS MÁRTIRES

La **puerta de la Mercería** o **de los Carneros** marca la salida por el paseo de las Adelfas hacia la ciudad.

La bajada ofrece al visitante la posibilidad de contemplar el **carmen de los Mártires,** que fue una zona de mazmorras. La leyenda convirtió en mártires a aquellos que las ocupaban y el tiempo fue afianzando la denominación con la que actualmente se conoce; como dato de interés cabe reseñar que los Reyes Católicos fundaron en él una capilla. A finales del siglo xvi, los carmelitas descalzos se establecieron en esta finca.El palacio actual es obra realizada durante el siglo xix. Desde sus bellos jardines se puede contemplar una hermosa panorámica de la ciudad, del barrio del Realejo y de la vega.

FUNDACIÓN RODRÍGUEZ ACOSTA

El **carmen de la Fundación Rodríguez Acosta,** obra moderna, pero respetuosa con el criterio de una arquitectura en contacto con el jardín, ofrece un bello conjunto con escaleras, estanques, fuentes y esculturas, y, a su través, una nueva perspectiva de la ciudad.

▲ Vista de Granada desde el carmen de la Fundación Rodríguez Acosta.

◄ En la página anterior, el carmen de los Mártires.

- - - - - - - - -

⏱ A-B4
Carmen de los Mártires
✉ Paseo de los Mártires.
☎ 958 227 953.
🌐 https://turismo.granada.org
🕐 Horario: de lunes a viernes de 8 h a 20 h, sábado y domingos de 8 h a 14 h.
💶 Entrada gratuita.
ℹ Exposición permanente Los Mártires: Campo, Ermita, Convento, Carmen.

- - - - - - - - -

⏱ B3
Fundación Rodríguez Acosta
✉ Callejón Niños del Rollo, 8.
☎ 958 227 497.
🌐 www.fundacionrodriguez acosta.com
🕐 Horario: de lunes a domingo de 10 h a 14 h.

CIUDAD BAJA

El recorrido que se sugiere constituye el núcleo básico de la ciudad. Fue en principio el centro de la urbe musulmana y posteriormente de la cristiana. Aquí se concentran los principales monumentos que surgieron tras la ocupación cristiana del año 1492. Estos sustituyeron a los edificios musulmanes anteriores, que fueron destruidos o transformados.

Perduran en esta zona restos árabes –como la Alcaicería o la universidad árabe o Madraza–; pero otros edificios desaparecieron, al construirse sobre ellos las nuevas edificaciones cristianas, como es el caso de la catedral o la Capilla Real, que ocupan la zona de la antigua mezquita mayor. Hay que señalar, por otra parte, que tanto los alrededores de la Alcaicería como de la plaza de Bib-Rambla son un importante centro comercial de la ciudad, en donde el visitante encontrará tiendas de recuerdos, bares y restaurantes. En torno a esta plaza la visita a estos lugares puede desarrollarse con serenidad en una mañana, porque, aunque de una gran concentración monumental, es geográficamente reducida. En la Plaza Nueva se encuentra una primera zona artística en torno a la Real Chancillería. Junto a ella se halla la bella iglesia de Santa Ana y el comienzo de la popular carrera del Darro.

❚ REAL CHANCILLERÍA　　　　　　　　　✱

La Chancillería, Audiencia o Tribunal Superior de Justicia, según la época, es un edificio levantado en el siglo XVI. Lo conforma un **patio** central con arcada y vestíbulo. El patio, diseñado por Diego de Siloé, tiene una planta baja con columnas dóricas que sostienen arcos de medio punto con medallones y hojas. Sobre esta arcada, hay otro piso superior con baranda de piedra y columnas clásicas de estilo jónico. La **fachada**, de estilo severo y escasa armonía, tiene una enorme variedad de elementos decorativos de gran dinamismo, característicos del barroco que apuntaba ya en este período; ofrece también elementos renacentistas claros, como el almohadillado o los frontones triangulares. Por todo ello, constituye un edificio de transición entre el renacimiento y el barroco. La plaza donde se sitúa es una zona muy transformada tras la conquista cristiana.

❚ IGLESIA DE SANTA ANA　　　　　　　　✱

Frente a la Chancillería y en la plaza de Santa Ana, está la iglesia de este nombre. Es una pequeña iglesia diseñada por Diego de Siloé. Presenta una sencilla **portada** con un arco semicircular, diversos

▲ Fachada (arriba) e interior (abajo) del palacio de la Madraza.

● ● ● ● ● ● ● ●

🕐 C2
Real Chancillería
✉ Plaza Nueva, s/n.

● ● ● ● ● ● ● ●

🕐 C2-3
Iglesia de Santa Ana
✉ Plaza de Santa Ana, 1.

nichos con imágenes y un medallón con la Virgen y el Niño. La **torre** de ladrillo tiene balcones –el superior, partido– con arcos decorados con azulejos. El interior presenta cinco capillas a cada lado, cubiertas con techos de artesonado mudéjar. La capilla mayor tiene una bella armadura de lazo. Conserva importantes obras escultóricas de los siglos XVI y XVII, entre las que destacan algunas de José de Mora y Risueño. En el exterior, junto a la iglesia, el bello **pilar del Toro,** obra de Diego de Siloé, decora la plaza.

I MONUMENTO A LAS CAPITULACIONES

Es obra del siglo XIX, del escultor Mariano Benlliure. Sobre un alto pedestal, con inscripciones históricas alusivas, se sitúan las figuras de Colón y de la reina Isabel en el momento en que el descubridor presenta a esta sus proyectos. Por la Gran Vía, que está situada frente al monumento, se accede a la calle Oficios, en la que destacan la Madraza y la Capilla Real.

I MADRAZA O UNIVERSIDAD ÁRABE ✷

Situada frente a la Capilla Real, fue fundada por el rey Yusuf en el siglo XIV, a pesar de su fachada barroca del siglo XVIII. Ha sufrido grandes transformaciones tras la conquista, pues fue cabildo o ayuntamiento. El patio tiene una bella arquería y en el piso superior destaca la sala de Caballeros, del siglo XVI, ricamente decorada en estilo plateresco con los colores emblemáticos de Granada: el rojo y el verde.

En el número 8 de esta misma calle se localiza el **Centro José Guerrero,** dedicado en su mayor parte a la exposición permanente de la obra del pintor granadino José Guerrero (1914-1991).

🕐 C3
Monumento a las Capitulaciones
✉ Plaza de Isabel la Católica.

🕐 D2
Madraza
✉ Oficios, 14.
☎ 958 996 350.

🕐 D2
Centro José Guerrero
✉ Oficios, 8.
☎ 958 220 109.
🌐 https://centroguerrero.es
🕐 Horario: de martes a sábado y festivos, de 10.30 h a 14 h y 16.30 h a 21 h; domingo de 10.30 h a 14 h.

▼ Edificio de la Chancillería, en la Plaza Nueva.

▲ Portada de la Capilla Real.

CAPILLA REAL ★★

La capilla fue mandada construir por los Reyes Católicos para su enterramiento. Junto a ellos, fueron sepultados por voluntad del emperador Carlos V, los reyes de Castilla Felipe y Juana. Se encargó la realización a Enrique Egas, que ya había colaborado en los proyectos de la catedral. Su arquitectura ofrece un gótico final, combinado con elementos renacentistas. En el conjunto destaca la profusión de su decoración heráldica, con escudos de los Reyes Católicos, el emblema real del yugo y las flechas y las iniciales F e Y. Los muros exteriores, sujetos por contrafuertes, están coronados con balaustradas, gárgolas y pináculos empleados para el desagüe en los aleros. La **portada** –que no es la principal, ya que esta queda integrada en la catedral– es de estilo plateresco, con arco semicircular, pilastras con relieves y frontón con figuras religiosas. El acceso a la capilla se realiza a través de la antigua **Lonja** de los mercaderes. Esta es de planta rectangular, con columnas decoradas con cordones y capiteles góticos, sobre los que descansan arcos de medio punto. La planta superior tiene balconada gótica.

El interior de la Capilla Real presenta una planta de cruz latina, en la que haces de columnas sostienen unas bóvedas ojivales nervadas. Una franja azul con inscripción rodea toda la capilla y unas ventanas acristaladas la iluminan. La paredes están decoradas con escudos de los Reyes Católicos y con el emblema del yugo y las flechas. El crucero de la capilla se cierra con una espléndida reja dorada y policromada, por la que se accede a la zona de los sepulcros reales. El

• • • • • • • •

🕐 D2
Capilla Real
✉ Oficios, 3.
☎ 958 215 909.
🌐 www.capillareal
granada.com
🕐 Horario: de lunes a sábado,
10 h a 18.30 h; domingo y
fiestas religiosas, de 11 h a
18.30 h.
🎟 Entrada general: 6 €.

sepulcro de los Reyes Católicos es obra del toscano Domenico Fancelli, hecho en Génova sobre mármol de Carrara. Presenta forma de tronco piramidal con relieves de los apóstoles y medallones con el Bautismo, la Resurrección, Santiago y San Jorge. Escudos reales, ángeles y una inscripción alusiva sirven de reposo a las esculturas de los cuerpos reales, ricamente ataviados.

El **sepulcro del rey Felipe y de doña Juana** es obra del español Bartolomé Ordóñez. Está construido sobre una base vertical, en la que descansa un sarcófago exento. Este se encuentra apoyado en diversas figuras de animales y medallones de tema religioso (Nacimiento, Adoración de los Reyes, Oración en el huerto y Descendimiento). Sobre este conjunto descansan las esculturas mortuorias, protegidas por dos leones que se encuentran a sus pies. Bajo los sepulcros se halla la **cripta** con los ataúdes reales y el del pequeño príncipe Miguel.

El **retablo** del altar mayor, obra de Felipe Vigarny, es voluminoso, con grandes imágenes de gran naturalismo, y detalles góticos. A ambos lados del altar destacan las esculturas de Fernando e Isabel, obra atribuida a Diego de Siloé. Por el lado derecho del crucero, se accede a la sacristía, hoy **Museo** y **Tesoro de la Capilla.** En él se pueden contemplar las coronas reales, el cetro y la espada del rey Fernando, diversas tablas góticas y flamencas, viejos estandartes y vestimentas religiosas de gran valor. Al otro extremo del crucero, en unos pequeños altares, se contemplan bellas pinturas flamencas, entre las que sobresale el tríptico de *El Descendimiento*, obra de Dierick Bouts.

▲ Interior de la Capilla Real.

◄ Sepulcros de los Reyes Católicos y de Felipe el Hermoso y Juana de Castilla.

● ● ● ● ● ● ● ●

🕐 D2
Catedral
✉ Gran Vía, 5.
☎ 958 222 959.
🌐 http://catedral
degranada.com
🕐 Horario de taquilla: de lunes
a sábado de 10 h a 18.15 h,
domingo y festivos de 15 h
a 18.15 h.
Visitas culturales durante
todo el año, excepto en
horario de culto y otras
celebraciones religiosas.
💲 Entrada general: 6 €.

▼ Catedral de Granada.

❙ CATEDRAL ✳

Se vuelve a la Gran Vía para acceder a la catedral.
Su interior produce una fuerte impresión. Una planta
gótica de cinco naves, con diversas capillas laterales
y una doble cabecera o girola, acoge, según proyecto
de Diego de Siloé, una estructura renacentista, en
la que se aprecian con claridad elementos góticos.

Llama poderosamente la atención la gran altura
de las naves, conseguida por el empleo de pedestales sobre los que se apoyan haces de columnas parti-
das, con capiteles clásicos, y entablamento superior.
Coronado todo ello por bóvedas ojivales de fuertes
nervaduras y vidrieras con temas religiosos, algunas
de ellas de factura flamenca, que iluminan el interior.

La **capilla Mayor** destaca por su dorada belleza.
Diego de Siloé alcanza en esta obra casi la perfección. El arco de acceso o toral se estrecha en su
centro para adaptarse a la enorme bóveda circular
que soporta. A los lados de este arco se encuentran
situadas las estatuas orantes de los Reyes Católicos
y, sobre ellas, los bustos de Adán y Eva. Se aprecia
el estilo del Renacimiento de esta capilla Mayor en
el uso de columnas corintias y entablamento con

El joven escultor

Ábrese en la catedral, en la parte de la girola, una portada llamada de los Colegios (pasaje de Diego de Siloé, entrada por Gran Vía). En su dintel figura sobre una hornacina la estatua de un Ecce Homo. Cuenta la leyenda que en su parte opuesta aparece tallada la efigie del diablo. Razón de ello es que Diego de Siloé, a la sazón arquitecto general de las obras que allí se fabricaban, no encontró respuesta mejor para zafarse de un joven, que desesperadamente le requería trabajo como tallista, que le esculpiese un "demonio mismo". Ejecutado lo cual en un periquete, el mozo –que era nada menos que Juan de Maeda– se presentó al maestro, que andaba afanado entre los andamios y ya ni se acordaba. Este, tras no poca resistencia a trasladarse donde el bulto de piedra estaba, se maravilló tanto por el verismo de la figura que le contrató en el acto, encargándosele al efecto la efigie que vemos en la parte contraria de aquel mismo bloque.

relieves. Las columnas presentan, sobre repisas adosadas, esculturas de los doce apóstoles y otros santos. Completan este conjunto balconcillos corridos. El cuerpo superior presenta columnas corintias más finas, sobre pedestales decorados con pinturas; entre estas hay retablos de piedra de color dorado que acogen siete grandes cuadros del maestro Alonso Cano y narran la vida de la Virgen. Iluminan la capilla grandes **vidrieras** flamencas del siglo XVI. Además se conserva un coro del siglo XVII, que ocupó originariamente el centro de la nave principal. De las **capillas** laterales, de variado interés, destacan la de la Virgen de las Angustias y la de Santiago, con esculturas de Mena, Cano y Hurtado Izquierdo.

De vuelta a la Gran Vía, rodeamos la catedral por su cabecera a través del pasaje de Diego de Siloé, para contemplar sus portadas exteriores. La **puerta del Colegio** o del Ecce Homo data de 1530. Es adintelada, con decoración de bichas y candelabros y un medallón central, obra de Siloé, con un relieve del Ecce Homo.

En la calle de la Cárcel se halla la **portada del Perdón**, la más rica y decorada de todas, obra de Diego de Siloé. Sobre un arco de medio punto figuran las esculturas de la Fe y de la Justicia, sosteniendo una inscripción alusiva al rey Fernando y la conquista de la ciudad. En sus laterales se hallan dos grandes escudos, de los Reyes Católicos uno y de Carlos V el otro. El cuerpo superior es más tardío y de mayor sencillez. Sin embargo, el conjunto ofrece gran riqueza, resultado de la combinación de elementos renacentistas y platerescos. La siguiente es la **por-

▼ Capilla Mayor de la catedral.

La Manigua

En el amplio triángulo formado por la calles San Matías, Escudo del Carmen y Ángel Ganivet, aproximadamente, instalaron los cristianos la mancebía, tras la conquista de la ciudad. Los granadinos llamaron a esta zona desde siempre la Manigua. Se trataba de un laberinto de estrechas callejuelas situado en el mismo corazón de la ciudad y, sin embargo, apartado de ella, en el que durante centurias prosperaron las casas de lenocinio de todo tipo, desde las lujosas, destinadas a los caballeros pudientes, hasta miserables tugurios.

Desde San Pablo, el cristianismo ha renegado del sexo, considerándolo más propio de animales que de seres con alma. Las autoridades, sin embargo, han procurado acotar espacios en los que se pueda practicar esta actividad.

La mancebía granadina tuvo rígidas ordenanzas dictadas por una autoridad que velaba escrupulosamente por el buen orden en la práctica del vicio. Así, los jefes, por así decirlo, de todo el tinglado eran el padre y la madre de la mancebía, el primero encargado del control laboral de las prostitutas, incluido horarios de trabajo, cobro de servicios y pago de salarios, y la segunda con una función más, digamos, tutelar, doméstica de las muchachas. El primero era un funcionario que debía dar cuenta del negocio al representante del poder o al noble al que el monarca de turno le había cedido las rentas del mismo; controlaba desde la salud de las colepoterras hasta su vestido y su alimentación.

Cervantes cita la mancebía de Granada como una de las más boyantes del país. Su declive se precipitó a medida que prosperaba el negocio del azúcar y se acentuaba el ansia de modernizar la ciudad. La Manigua baja fue derribada en 1940, siendo alcalde Gallego Burín, y en su espacio se creó la nueva calle de Ganivet, lujosa, con soportales y estupendos comercios. La alta resistió más. Las autoridades franquistas, con todo su puritanismo, no lograron acabar con ella.

tada de San Jerónimo, obra también de Siloé. Es de estilo renacentista, con elementos platerescos.

La **fachada principal** responde al diseño de Alonso Cano y ofrece una majestuosa estampa sobre la plaza de las Pasiegas. Sus puertas están enmarcadas por grandes contrafuertes. Sobre la principal figura un gran relieve circular dedicado a la Encarnación y, a sus lados, las esculturas de San Pedro y San Pablo. Las **pilastras** están decoradas con relieves de temas religiosos, y sobre las puertas laterales aparecen otros relieves con la Visitación y la Encarnación. El segundo cuerpo de la fachada está ocupado por claraboyas –estrellada la central y circulares las laterales. En la cornisa que separa ambos cuerpos figuran esculturas de los evangelistas. Los escultores Duque Cornejo y los hermanos Verdiguier trabajaron en esta fachada. El proyecto

▲ Vista aérea de la ciudad, en la que destaca la gran catedral granadina.

previa, a ambos lados de la misma, la construcción de dos torres de gran altitud, pero solo se realizó la torre de la izquierda, que ha quedado inacabada.

COLEGIO DE NIÑAS NOBLES

Frente a la portada de San Jerónimo se sitúa el Colegio de Niñas Nobles. Fundado en el siglo XVI para educación de las hijas de la nobleza, presenta **portada** plateresca y un interior con ricos techos de **artesonado** mudéjar.

En la plaza de Alonso Cano, contigua a la catedral, se pueden observar tres edificios singulares: la Curia Eclesiástica, el palacio Arzobispal y la iglesia del Sagrario.

🕐 D2
Colegio de Niñas Nobles
✉ Cárcel Baja.

CURIA ECLESIÁSTICA

Este edificio fue construido para que cumpliera las funciones de un colegio imperial anexo a la universidad; se utilizó con este fin hasta 1769. El estilo predominantes es el plateresco. El **patio** se caracteriza por arcos de medio punto y columnas clásicas. La **portada** es más claramente renacentista, con un escudo arzobispal en su centro.

🕐 D2-3
Curia Eclesiástica
✉ Plaza Alonso Cano, s/n.

PALACIO ARZOBISPAL

Este sencillo palacio tuvo su entrada principal por la plaza de Bib-Rambla y sufrió una importante restauración en el siglo XVIII, realizada por el arquitecto Ambrosio de Vico.

🕐 D2-3
Palacio Arzobispal
✉ Plaza Alonso Cano, s/n.

▲ Calles y tiendas
de la Alcaicería.

• • • • • • • •

🕐 D2-3
Iglesia del Sagrario
✉ Plaza Alonso Cano, s/n.

• • • • • • • •

🕐 D3
Alcaicería

• • • • • • • •

🕐 D3
Plaza de Bib-Rambla

❚ IGLESIA DEL SAGRARIO

Obra realizada en el siglo XVIII. En ella trabajaron los artistas Hurtado Izquierdo y José de Bada. La **fachada** es de mármol con columnas corintias. La planta es cuadrada, con bóveda semiesférica en el crucero y capillas laterales de estilo barroco.

❚ ALCAICERÍA   ✱

A la plaza de Alonso Cano se abre la Alcaicería, zona turística y comercial, resto de la antigua alcaicería musulmana. Esta formaba un barrio cerrado sobre sí mismo, famoso en todo el reino por sus tejidos de seda y terciopelo. Mantiene, a pesar de sus restauraciones, el carácter musulmán de sus orígenes.

❚ PLAZA DE BIB-RAMBLA

La Alcaicería desemboca en la calle Zacatín, que lleva a la plaza de Bib-Rambla, centro neurálgico de la ciudad. Sufrió muchas reformas tras la conquista, pero conserva el típico sabor de centro urbano, con la bella fuente central, dedicada a Neptuno, y los puestos de flores.

Plaza de Bib-Rambla

Ante esta plaza, sin discusión la más peculiarmente granadina, hoy tan concurrida de gentes, entre el aroma de los puestos de flores y el rumor incesante de la fuente sobre la que Neptuno, soportada su concha por cuatro gigantones, apunta al cielo con su tridente, pocos podrían adivinar el peso de la historia.

Y fueron aquí los duelos y los torneos, los juegos de cañas y los lances de gallardía que Zegríes y Abencerrajes, Gazules, Gomeles, Azarques y Mazas, Venegas y Alabeces, la flor de los linajes de Granada, en ella celebraron, entre el revuelo de sus vistosos atavíos. Pero fue aquí también donde el cardenal Cisneros mandó quemar, a manos de un renegado, un millón de libros arábigos (la cifra, sin duda abultada, es de los panegiristas cristianos), trescientos de los cuales, a los que las llamas respetaron, fueron a parar a la Biblioteca del Escorial, que Arias Montano dirigía.

Hoy muy transformada, en ella se asentaron –en sendas bocacalles– el arco de los Cuchillos (de esta manera llamado por disponer la justicia que en sus muros colgasen las dagas capturadas a los bandidos), así como el arco de las Orejas, con este nombre conocido desde que en 1621, con ocasión de hundirse bajo el peso de los curiosos que presenciaban un acto público y fallecer varias personas, unos ladrones aprovecharon el tumulto para llevarse, con los zarcillos de las damas, las orejas que los lucían.

▶ Corral del Carbón.

🕐 D3
Ayuntamiento
✉ Plaza del Carmen s/n.

🕐 D3
Corral del Carbón
✉ Mariana Pineda, 8.
☎ 958 221 144.

🕐 D3
Palacio de los Duques de Abrantes
✉ Placeta de Tovar, 3.

❙ AYUNTAMIENTO

Desde aquí se accede a la plaza del Carmen por la calle del Príncipe. En ella se ubica el Ayuntamiento, construido sobre los restos del antiguo convento del Carmen, del que solo se conserva el patio central.

❙ CORRAL DEL CARBÓN

La calle Reyes Católicos conduce hacia el corral del Carbón. Este nombre es de origen cristiano, ya que en época musulmana se conocía como Alcaicería Nueva. Lo forma una zona de acceso y un **patio** interior con galería superior. De su **fachada** destaca su arco de herradura y la inscripción religiosa que lo preside. En su vestíbulo se aprecia una bóveda de mocárabes.

❙ PALACIO DE LOS DUQUES DE ABRANTES

Junto al edificio anterior (el corral del Carbón), en la recoleta placeta de Tovar, podemos contemplar el palacio de los Duques de Abrantes, edificio construido durante el siglo XVI, que cuenta con una bella **fachada** de estilo gótico adornada con elementos heráldicos.

Concluye así el núcleo básico de la ciudad baja y la zona donde la historia ha dejado importantes recuerdos de la época musulmana y cristiana.

UNIVERSIDAD-SAN JERÓNIMO-TRIUNFO

La zona que a continuación se describe corresponde a una época posterior a la conquista, en la que la expansión urbana hizo necesaria la superación de las murallas –que desaparecieron– y la ocupación de unas tierras que eran de huertas. El peso de esta expansión recayó sobre órdenes religiosas y fundaciones privadas del mismo carácter, como los Capuchinos, los Agustinos, los Jesuitas, los Jerónimos y los Hermanos de San Juan de Dios. La visita se puede realizar en una mañana. Se inicia al pie de la torre de la catedral, en la calle de la Cárcel, camino de la plaza de la Universidad, para atravesar un núcleo en el que hasta el siglo XIX existieron conventos como el de San Agustín –en cuyo solar se sitúa actualmente un mercado de abastos– y el de las Capuchinas, hoy plaza pública.

I UNIVERSIDAD

Enclavada en una pequeña plaza, junto a la iglesia de los Santos Justo y Pastor y presidida por la figura de su fundador, el emperador Carlos V, se encuentra la Universidad –en la actualidad **Facultad de Derecho**–. El edificio tiene una **portada** barroca con columnas salomónicas y un cuerpo superior con una imagen de la Virgen. Conserva dos hermosos patios, con claustros de arcos y columnas del siglo XVII, y el salón de actos o paraninfo, que solo mantiene su bóveda originaria.

I IGLESIA DE LOS SANTOS JUSTO Y PASTOR

Formaba parte del conjunto de propiedades que fueron expropiadas a la Compañía de Jesús en el siglo XVIII. La **portada** principal está formada por dos cuerpos; en el primero se entremezclan, con gran suntuosidad barroca, las columnas corintias sobre pedestales, con relieves de los santos jesuitas San Francisco de Borja y San Francisco Javier, rematado todo ello por una airosa cornisa; en el segundo se repiten las columnas corintias con relieve de San Pablo y escultura de San Ignacio de Loyola. El interior del templo, sobre planta de cruz latina, presenta en el crucero una gran cúpula o **cimborrio,** muy decorado. La nave central tiene pequeñas capillas laterales. El altar mayor nos ofrece un bello **retablo** de gran dinamismo y espectacularidad barroca.

I COLEGIO DE SAN BARTOLOMÉ Y SANTIAGO

Es un sencillo edificio asentado en la calle de San Jerónimo con portada de dos cuerpos, sustentados por columnas de orden dórico de los siglos XVI y XVII.

▲ Iglesia de los Santos Justo y Pastor.

• • • • • • • • •
D2
Universidad
✉ Pza. de la Universidad, s/n.
☎ 958 243 449.

• • • • • • • • •
D2
Iglesia de los Santos Justo y Pastor
✉ Pza. de la Universidad, s/n.
☎ 958 278 792.

• • • • • • • • •
D1
Colegio de San Bartolomé y Santiago
✉ San Jerónimo, 31.

Sobre ellos hay esculturas de los santos titulares. En el interior se aprecia un patio con columnas dóricas, arco de medio punto y balaustrada superior de mármol. El colegio acogió como estudiantes a destacadas figuras de la intelectualidad y la política granadinas.

I IGLESIA DE SAN FELIPE NERI

Es un edificio del siglo XVIII, prácticamente reconstruido pues se utilizó como edificio civil por los franceses, primero, y posteriormente, por particulares.

I MONASTERIO E IGLESIA DE SAN JERÓNIMO

Estos edificios se encuentran delimitados por las calles del Gran Capitán y Rector López de Argüeta, en el llamado Compás de San Jerónimo, y ocupan una antigua zona de huertos y fincas de los musulmanes sobre la que se inició su construcción, primero del monasterio en el año 1496 y después la iglesia en el año 1513. Dos artistas de relieve trabajaron en las obras, Diego de Siloé y Jacobo Florentino el Indaco.

El **monasterio** tiene dos **patios** o claustros. El mayor ofrece una planta baja gótica, con arcos semicirculares, apoyados en capiteles vegetales y decoración con escudos de los Reyes Católicos y del primer arzobispo de Granada, fray Hernando de Talavera; la segunda planta tiene arcos góticos sobre columnas cortas y baranda con decoración gótica. A este patio dan siete portadas, obras realizadas por el maestro Diego de Siloé, ejemplo claro de la gracia y perfección de este artista y de sus discípulos en el estilo gótico-plateresco que las caracterizan.

La **iglesia** es uno de los más bellos ejemplos del Renacimiento español sobre una primera base gó-

---

••••••••

◯ D1
**Monasterio e iglesia
de San Jerónimo**
✉ Rector López Argüeta.
☎ 958 279 337.
🖥 https://realmonasterio
sanjeronimogranada.com
🕐 Horario: en verano, de lunes
a domingo de 10 h a 13 h y
de 16 a 19 h. En invierno, de
lunes a domingo de 10 h a
13 h y de 15 h a 18 h.
💶 Entrada: 6 €.

▼ Jardín botánico de la
Universidad de Granada.

tica. La **fachada,** obra de Siloé, presenta el escudo de los Reyes Católicos, ventana de medio punto y ornamentación fantástica. La portada propiamente dicha es mucho más pobre y no parece obra de Siloé.

El interior es de una nave con capillas en los intramuros. La bóveda que la cubre es de crucería gótica. A sus pies se alza un **coro** con bóveda gótica ojival y decoración emblemática de los Reyes Católicos. Todo el conjunto muestra una rica decoración de relieves, obra de Florentino y Siloé. El crucero presenta una cúpula o cimborrio de crucería gótica con arcos apuntados. En el altar mayor, elevado sobre escalinatas, destaca el **retablo,** que constituye una obra maestra de la imaginería y una representación muy completa de la escuela granadina de escultores. Cuatro pisos o alzados se elevan sobre una base con relieves de santos; el primero es dórico; el segundo, jónico; el tercero, corintio; y sobre este, otro también corintio con un crucificado y las imágenes de la Virgen y San Juan. Sobre todo él se representa en un cuarto de esfera a Dios Padre entre nubes y virtudes.

HOSPITAL Y BASÍLICA DE SAN JUAN DE DIOS

Situados en la calle San Juan de Dios. El **hospital** fue el primero de esta orden de caridad, y ocupó un edificio que antes había sido del monasterio de San Jerónimo. La **portada,** de 1609, es muy sencilla, con dos cuerpos, columnas dóricas y pilastras. Sobre todo ello, un frontón partido, con una escultura de San Juan de Dios en el centro. En el interior, resalta el zaguán con techo de **artesonado** renacentista y un **patio** con arquerías, también renacentista, y una escalera con techo de madera decorado.

La **iglesia** contigua es una obra del siglo XVIII. Su autor fue José Bada. La **portada** se compone de dos cuerpos, con columnas y diversas esculturas, expresión clara del barroco de la época. El interior, sobre una planta de cruz latina, ofrece en su crucero una alta cúpula, bajo la que el **retablo** del altar mayor constituye una explosión barroca dentro de la exuberancia del churrigueresco. Tras él, un camarín refuerza la profundidad y el dinamismo barroco del conjunto.

▲ Iglesia de San Jerónimo.

JARDINES DEL TRIUNFO

A la salida de la referida iglesia, por la calle de San Juan de Dios, se pasa a la zona conocida como el Triunfo, situada sobre el antiguo cementerio musulmán de Ibn Malik. Es un área en la que también aparecen edificios de principios del siglo XX, como el modernista Instituto Padre Suárez o el más sen-

⦿ D1
**Hospital y basílica
de San Juan de Dios**
✉ San Juan de Dios, 19.
☎ 958 275 700.
🖥 https://basilicasanjuan
dedios.es
🎟 Entrada: 12 €.

⦿ C1
Jardines del Triunfo

cillo y geométrico de la antigua Escuela Normal de Magisterio –hoy oficinas de la Junta de Andalucía–, ambos situados en los comienzos de la Gran Vía.

En estos jardines se alza el **monumento a la Inmaculada Concepción de María,** del siglo XVIII, en el que sobre una bella columna decorada se asienta la escultura de la Virgen de Alonso de Mena. Estuvo originariamente situado ante la puerta de Elvira. No lejos de estos jardines del Triunfo, en la misma avenida de la Constitución donde se asientan, se encuentra la **Cruz Blanca,** cuya modesta silueta resalta al pie de un modernísimo y enorme hotel.

| HOSPITAL REAL (UNIVERSIDAD)

Detrás de los jardines del Triunfo asoman los voluminosos contornos de este edificio, sede hoy del Rectorado de la Universidad. Su larga construcción se inició en el año 1511 por el arquitecto Enrique Egas. Tras diversos usos, es hoy sede del Rectorado de la Universidad de Granada. A su **fachada** principal se asoman ventanas platerescas, con emblemas de los Reyes Católicos y del emperador Carlos V. La **portada,** clásica, se decora con yugos y flechas. En el segundo cuerpo, la imagen de la Virgen y las figuras de los reyes Isabel y Fernando, en actitud orante.

El edificio es de planta de cruz griega, con cuatro patios en sus brazos, formando así dos amplios cruceros. El zaguán de acceso es de estructura claramente gótica, con rico techo, arco de medio punto y elementos ojivales. Las dos grandes naves muestran en sus cruceros hermosos **techos** –de ar-

⊙ f.p.
Hospital Real
✉ Cuesta del Hospicio, s/n.
☎ 958 243 003.

▼ Patio del Hospital Real (Universidad).

tesonado, en la baja, y gótico de crucería con haces de columnillas, en la alta–. Los patios, que quedaron sin terminar en gran parte, han sido restaurados. Destaca el primer patio de la izquierda, con esbelta arcada de columnas de mármol y decoración emblemática. Interesante es también el siguiente patio, más terminado, pero de igual estilo. La capilla estuvo en el crucero superior, que hoy ocupa la espléndida biblioteca central universitaria.

▲ Puerta de Elvira.

IGLESIA DE SAN ILDEFONSO

Desde el Hospital Real, por la calle Real de Cartuja, se contempla la sencilla y bella **portada** de la iglesia de San Ildefonso, diseñada por Diego de Siloé. En su interior destacan los **techos** de artesonado mudéjar y el **retablo** –del siglo XVIII– con esculturas de Risueño.

PUERTA DE ELVIRA

En la plaza del Triunfo, al sur de la iglesia de San Ildefonso y muy cerca de ella se conserva esta famosa puerta que en época musulmana constituyó el acceso más importante que tuvo Granada, al abrirse sobre el camino que llevaba a la ciudad de Elvira. A su salida se encontraba el ya citado cementerio de Ibn Malik. En la plaza, una cruz recuerda el ajusticiamiento de la heroína liberal del siglo XIX Mariana Pineda.

Desde esta placita se puede caminar hacia el centro histórico de la ciudad por la Gran Vía o por la calle de Elvira.

● C1
Iglesia de San Ildefonso
✉ Sacristía de San Ildefonso.

● C1
Puerta de Elvira
✉ Plaza del Triunfo, s/n.

CARRERA DE LA VIRGEN-REALEJO-SAN MATÍAS

Esta parte de la ciudad se configuró urbanística-
mente tras la conquista cristiana. Fue inicialmente
un barrio habitado por los tejedores de la ciudad y
también por una numerosa población judía. Aún hoy
en día mantiene un carácter popular muy marcado.

Esta era una zona en la que eran muy abundantes las huertas y jardines cuidados con esmero y
que, en parte, permacen en la actualidad. Resulta
tan interesante por sus monumentos como por su
entramado urbano, y su visita puede ser realizada
en breve tiempo.

Desde Puerta Real, donde corre el río Darro, ya
cerca de la desembocadura en el río Genil, se puede
iniciar el recorrido por una demarcación que surge
básicamente en el siglo XIX.

BASÍLICA DE LA VIRGEN DE LAS ANGUSTIAS

Fue construida en el siglo XVII sobre una antigua
ermita dedicada a Santa Úrsula. La **fachada,** en la
avenida a la que presta nombre, es de dos cuerpos,
rematada por dos esbeltas torres; el cuerpo bajo es
de columnas corintias y el segundo cuerpo tiene una
escultura de *La Virgen doliente con Cristo yacente*
que fue realizada en 1665 por Bernardo de Mora y
su hijo José. A un lado de la fachada, una portadilla
de ladrillo con una escultura de San Cecilio, obra de
Risueño, conduce a la sacristía.

○ D4
**Basílica de la Virgen
de las Angustias**
✉ Carrera de la Virgen, 42.
☎ 958 226 393.
🖱 www.basilicadelas
angustias.org

▶ Plaza e iglesia de Santo
Domingo.

▲ *Qubba* del Cuarto Real de Santo Domingo.

El interior es de una nave y cuatro capillas laterales. El altar mayor, del siglo XVIII, acoge bajo un gran arco central el **camarín** de la Virgen. Este, realizado con la exuberancia barroca propia del churrigueresco, constituye el centro de atención de la iglesia. La imagen que lo preside, rodeada de hermosos mármoles y ricos elementos de decoración vegetal, es obra del escultor Duque Cornejo. Esta iglesia sigue siendo el centro de una viva fe popular que se expresa en diferentes manifestaciones y momentos de la vida ciudadana, especialmente en su festividad durante el mes de septiembre.

▌ PALACIO DE BIBATAUBÍN

Está construido sobre los restos de un antiguo torreón o castillo, perteneciente a las murallas de la ciudad. Es un edificio moderno, con una sencilla portada de columnas salomónicas.

Detrás del palacio, en la plaza de Mariana Pineda, se halla el monumento a esta heroína de la libertad.

▌ CUARTO REAL DE SANTO DOMINGO

Se trata de un palacio nazarí del siglo XIII más antiguo que la Alhambra. Destaca por el valor de sus decoraciones, especialmente en la *qubba*, o salón de protocolo. Hoy es un espacio cultural del Ayuntamiento.

▌ IGLESIA DE SANTO DOMINGO

Fue construida en el siglo XVI, tiene elementos góticos, pero el estilo es claramente renacentista. La **fachada** está formada por un pórtico de piedra, con

D3-4
Palacio de Bibataubín
Plaza de Bibataubín.

C-D4
Cuarto Real de Santo Domingo
Plaza de Campos, 6.
958 849 111.

C4
Iglesia de Santo Domingo
Plaza de Santo Domingo, 1.
958 227 331.
https://archidiocesis granada.es

La casa de los Tiros

Esta almenada casa de los Tiros, en cuyas inmediaciones nacieron y vivieron Francisco Suárez –que hoy se tiene por el creador del Derecho Internacional–, y fray Luis de Granada –confesor de príncipes, escritor, máximo orador de su época–, y cuyos muros acogieron al linaje de los últimos reyes de Granada –los Cidi Yahia, que luego de bautizarse adoptaron el apellido Granada-Venegas–, ostenta, sobre el dintel de su portalada, un curioso cuanto emotivo mote: Él (seguido de la efigie de un corazón atravesado por una espada en su encimera) Manda. "El corazón manda." Los granadinos de todas las épocas e ideologías consagraron esta inscripción como su lema espiritual. En Granada "el corazón manda", y no otro que este, fue el deseo más ardiente, generación tras generación.

▲ Detalle del artesonado y los frescos de la casa de los Tiros.

• • • • • • • • •

⏱ B4
Iglesia de San Cecilio
✉ Carril de San Cecilio, s/n.

• • • • • • • • •

⏱ C3
Museo Casa de los Tiros
✉ Casa de los Tiros.
  Pavaneras, 19.
☎ 958 037 918, 600 143 176.
🖥 www.museosdeandalucia.es
✉ Gratuito para ciudadanos
  de la UE.

arcos de medio punto sobre columnas clásicas y emblemas de los Reyes Católicos y de Carlos V. El interior es de planta de cruz latina con capillas laterales y bóvedas de crucería gótica.

Saliendo de la iglesia, se sigue hacia el **Campo del Príncipe,** centro de este barrio del Realejo. La plaza es así llamada porque se realizó para celebrar las bodas del hijo de los Reyes Católicos. Pronto se convirtió en un área de convivencia urbana, que aún conserva, siendo uno de los mejores lugares de Granada para el tapeo, con una gran cantidad de bares y restaurantes. Está presidida en su irregular belleza por un crucificado de piedra, obra del siglo XVII, y conocido como **Cristo de los Favores.**

❙ IGLESIA DE SAN CECILIO

Al fondo de la plaza anteriormente citada, sobresalen los edificios del **hospital Militar,** obra del siglo XVI, y la iglesia de San Cecilio. En ella destaca una sencilla **portada** plateresca y, en la nave interior, una bóveda sobre arcos góticos ojivales.

Tras la iglesia se extiende hacia la colina de la Alhambra el barrio de la Antequeruela, desde cuyos empinados callejones se contemplan bellas perspectivas de la ciudad. De regreso al centro de la ciudad por la calle Molinos, y tras pasar la plaza de Fortuny, en la que residió este universal pintor catalán, se llega a la calle de Pavaneras.

❙ CASA DE LOS TIROS ✳

Perteneciente a la familia de los Granada-Venegas, es hoy sede de un museo dedicado a la Granada del siglo XIX. La **fachada,** austera, está decorada con escudos de esta familia y diversas esculturas adosadas de héroes y dioses griegos. En la parte superior hay figuras armadas que parecen disparar, de ahí el nombre de este palacio.

El interior –que acoge, junto al museo, una rica hemeroteca– muestra diferentes salas con interesantes techos. Destaca la llamada **cuadra dorada,** de rica decoración, en la que se repite el lema de la familia Granada-Venegas: "El corazón manda". Otras salas sobresalen también por su contenido, como la dedicada a Washington Irving, a la emperatriz Eugenia de Montijo o a Ángel Ganivet.

CASA DEL PADRE SUÁREZ
Junto al palacio antes descrito se sitúa la casa natal del eximio jesuita granadino del siglo XVI, Francisco Suárez. Es hoy Archivo de la Real Chancillería. La fachada es renacentista y sencilla. Detrás de estos edificios se extendía el barrio de la judería.

C3
Casa del Padre Suárez
Plaza del Padre Suárez, s/n.

CONVENTO DE SAN FRANCISCO
Finalizado el recorrido, aparece a la altura de la plaza de las Descalzas el antiguo convento de San Francisco, construido y reconstruido varias veces a lo largo de su historia y que hoy alberga las dependencias del Mando de Adiestramiento y Doctrina Militar.

C-D3
Convento de San Francisco

IGLESIA DE SAN MATÍAS
Al bajar por la calle de San Matías sorprende la bella iglesia de este nombre, de portadas con clara influencia de Diego de Siloé y un interior con elementos góticos y techos de **artesonado** mudéjar. Destaca también el **retablo mayor,** obra del siglo XVI.

C-D3
Iglesia de San Matías
San Matías, s/n.

▼ Plaza del Padre Suárez.

EL ALBAYZÍN

Constituye el núcleo originario de la ciudad, lugar donde se ubicaron los primeros asentamientos ibero-romanos. Ofrece no solo un típico entramado urbano, fundamentalmente musulmán, sino también un conjunto de monumentos árabes y cristianos. Todo esto se complementa con una especial orografía que nos permite la contemplación, desde los diferentes miradores, de vistas panorámicas de la ciudad.

Se conforma así este barrio granadino como una perfecta combinación de lo monumental con lo paisajístico, de inolvidable recuerdo para el visitante.

Hasta 1568 fue fundamentalmente musulmán. Sobre él se fueron alzando iglesias y los edificios que testimonian el dominio cristiano. No obstante, sigue conservando la traza irregular y laberíntica, de callejuelas estrechas y retorcidas que le imprimieron los musulmanes. Caminar por este entramado prodigioso, entretenerse en sus placetas, asomarse a sus miradores, constituye una de las más gratas actividades de la visita a Granada.

▲ Baños árabes del Bañuelo.

• • • • • • • • • • •

🕐 B2
Carrera del Darro

▼ Vista del Albayzín desde el Sacromonte.

❙ CARRERA DEL DARRO　　　　　　✳

Se inicia la visita desde la Plaza Nueva, junto a la Chancillería, recorriendo en primer lugar la **carrera del Darro**. Ocupa esta calle, de construcción cristiana, la margen derecha del río Darro. Ofrece una bella perspectiva con dos puentes que comunican con la Alhambra y el barrio de Almanzora. Empinadas calles descienden desde el barrio del Albayzín en un intrincado laberinto. Al comienzo de la carrera, en la cuesta

▲ Carrera del Darro.

de Santa Inés y ante el puente de Cabrera, se halla la **casa de los Ágreda** y frente a ella el **convento de Santa Inés.** Mediada la carrera, en la que es posible contemplar edificios con portadas de los siglos XVI y XVII, se encuentra situado el **puente del Cadí,** que originariamente unía el Albayzín con la Alhambra y del que solo queda en pie una parte del arco de herradura de la puerta de la torre que lo defendía.

🕐 B2
Casa de los Ágreda
Convento de Santa Inés

▎ EL BAÑUELO ✳

Frente al puente se hallan unos baños árabes, conocidos con el nombre del **Bañuelo.** Presentan una típica estructura árabe, con arquerías de herradura, variados capiteles, algunos romanos y visigodos, y ventanillas estrelladas. Constituyen un bello ejemplo de la arquitectura civil musulmana.

🕐 B2
El Bañuelo
✉ Carrera del Darro, 31.
☎ 958 027 900.
🖥 www.andalucia.org

El monumento que sigue al Bañuelo es el **convento de Santa Catalina de Zafra,** fundado por el secretario de los Reyes Católicos, Hernando de Zafra. Resaltan en el interior algunas edificaciones árabes.

🕐 B2
Convento de Santa Catalina de Zafra

Detrás del convento se halla la magnífica **casa** nazarí **de Zafra,** construida en el siglo XIV, con algunos añadidos porsteriores mudéjares.

Al final de la calle del Bañuelo se levanta el **convento de la Concepción,** que cuenta con una curiosa portada gótica.

🕐 B2
Casa de Zafra. Centro de Interpretación del Albayzín
✉ Portería de la Concepción, 8.
☎ 958 180 079.
🖥 www.albaicin-granada.com

Subiendo por la calle de Zafra se encuentra la **iglesia de San Juan de los Reyes,** en la calle del mismo nombre. Construida en el solar de una pequeña mezquita, el minarete sirve hoy de campanario. La iglesia es de estilo gótico y bajo el suelo se han encontrado restos romanos.

🕐 B2
Convento de la Concepción
Iglesia de San Juan de Reyes

⏱ B2
**Museo Arqueológico
y Etnológico**
✉ Carrera del Darro, 43.
☎ 958 034 666.
🌐 www.museosdeandalucia.es
🕐 Horario: del 16 de junio
al 15 de septiembre, de
martes a domingo de 9 a
15 h; del 16 de septiembre
al 15 de junio, de martes
a sábado de 9 h a 21 h,
domingo y festivos de 9 h a
15 h. Lunes cerrado.
💳 Gratuito para ciudadanos
de la UE.

⏱ B2-3
**Iglesia de San Pedro
y San Pablo**

⏱ A3
Paseo de los Tristes

▶ Patio del palacio
de los Córdova.

▌ CASA DE CASTRIL ✱

De nuevo en la carrera del Darro, podemos visitar la **casa de Castril,** convertida en la actualidad en **Museo Arqueológico y Etnológico.** La fachada, de gran opulencia decorativa, se atribuye al arquitecto Diego de Siloé. En el interior se contempla un bello zaguán con escalinata de piedra y un patio con arquerías semicirculares así como una segunda planta con barandal.

El museo contiene restos de diversas épocas, desde la Prehistoria hasta la romana y musulmana, y una valiosa colección numismática. Ello permite al visitante obtener una excelente idea de la historia de la Granada primitiva.

Frente a la casa de Castril se encuentra la **iglesia de San Pedro y San Pablo**. Tiene planta de cruz latina, con portadas renacentistas y una nave central con techo de artesonado mudéjar, en donde resaltan varias esculturas de los siglos XVI y XVII. Desde la entrada principal se puede contemplar una bella perspectiva del llamado tajo de la Alhambra y de las torres de la alcazaba.

▌ PASEO DE LOS TRISTES ✱

Al final de la carrera se sale a un bello paseo, conocido como el **paseo de los Tristes,** que ofrece una perspectiva inigualable de la Alhambra. En este paseo se celebraban espectáculos organizados por el Ayuntamiento; durante los mismos, el concejo municipal se reservaba como tribuna una **casa** cercana llamada **de las Chirimías.**

Al final del paseo, el puente del Aljibillo o del Rey Chico desemboca en la cuesta de los Chinos, que conduce a la Alhambra o, por la orilla del río, a la **fuente del Avellano.** Esta fuente fue en otro tiempo lugar de reunión de la cofradía del mismo nombre, que presidía el escritor granadino Ángel Ganivet.

▲ Paseo de los Tristes.

❚ PALACIO DE LOS CÓRDOVA

Enfrente de este puente, al comienzo de la cuesta del Chapiz, se sitúa el reconstruido **palacio de los Córdova,** procedente de su antigua ubicación (principios del siglo xx) en la Gran Vía. El edificio, de portada renacentista, está rodeado de bellos jardines y huertas. Posee un patio interior con elementos góticos y techos de artesonado mudéjar.

🕐 A3
Palacio de los Córdova
✉ Cuesta del Chapiz, 2-4.
☎ 958 180 021.
🖥 www.granada.org

❚ CASAS DEL CHAPIZ ✳

Mediada la cuesta se sitúan las **casas del Chapiz.** El conjunto acoge dos casas árabes del siglo xv, hoy sede de la Escuela de Estudios Árabes. Se mezclan en ellas elementos árabes y cristianos propios del arte morisco o mudéjar. Destaca, por su extraordinaria belleza, el patio central de la casa principal, con un estanque y galerías laterales con decoración árabe. La segunda planta está formada por una galería con balaustrada. Los amplios jardines rodean el monumento y ofrecen una bellísima perspectiva de la Alhambra y el Generalife.

🕐 A2
Casas del Chapiz
✉ Cuesta del Chapiz, 22.
☎ 958 222 290.
🖥 www.eea.csic.es
🎫 Entrada: 2 €.

❚ ABADÍA DEL SACROMONTE

Junto a la casa del Chapiz arranca el camino del Sacromonte, conocido barrio de cuevas, que termina en la **abadía** que le da el nombre. Originalmente llamada colegiata de San Cecilio, fue fundada en el siglo xvii, con ocasión del descubrimiento de hipotéticos restos cristianos preislámicos, que posteriormente se demostraron falsos. Desde las esquinas de las callejas que desembocan en la cuesta del Chapiz, se puede contemplar desde el conocido cerro del Aceituno, la ermita de San Miguel y algunos grandes paneles de la muralla.

🕐 f.p.
Abadía del Sacromonte
✉ Camino del Sacromonte, s/n.
☎ 958 221 445.
🖥 https://abadiasacromonte.com
🕐 Horario: del 27 de marzo al 29 de octubre, de 10 h a 14 h y de 15.30 h a 19 h; del 30 de octubre al 26 de marzo, de 10 a 14 h y de 15 h a 18 h.
🎫 Entrada: 6 €

El libro mudo

El día 18 de marzo de 1588, al ser demolida, en los emplazamientos de la catedral que por entonces se estaba erigiendo, la célebre torre Turpiana (así llamada, según la tradición, por haber dejado Julio César a su mando a un tal Turpio Antistitio), de cimientos fenicios según muchos, fue hallada una caja embetunada que contenía varias reliquias (el pañuelo con que la Virgen enjugó su llanto en la calle de la Amargura, entre otras) y un pergamino enigmático en que se quiso descifrar una profecía de San Juan sobre el fin del mundo). Una inscripción latina narraba que poco antes de morir San Cecilio, primer obispo de Granada, había entregado aquellas reliquias para que fuesen escondidas en lugar conveniente y preservarlas así de una posible profanación musulmana. Granada entera se emocionó. Siete años después, dos buscadores de tesoros, procurando hallar una antigua mina de oro, encontrarían, en el lugar donde se asienta la actual abadía del Sacromonte, una lámina de plomo que fue el inicio del hallazgo de otras muchas, escritas con caracteres hispanobéticos. En ellas se venían a declarar los orígenes árabes del apostolado cristiano en España. La conmoción alcanzó dimensiones escandalosas, incluyendo consultas de juristas, juntas de teólogos y sesiones de escriturarios, supervisado todo por el celo del propio Felipe II. Es este el asunto de los *Libros de Plomo,* origen del tema de la Confusión en el barroco. Benito Arias Montano fallaría que todo era falso. Pero, mientras tanto, el monte había aparecido erizado de cruces, en torno a las cuales se veía ascender por la noche a la muchedumbre, de rodillas y a la luz de las antorchas. A 28 de septiembre de 1682, el papa Inocencio XI fallaba ex cátedra la falsedad de los libros. Era –se dijo– que algunos principales de entre los moriscos habían urdido aquel plan para que no se les terminara expulsando, fingiendo inicios fabulosos del cristianismo, de manera que les favoreciese. Pero no quedó claro. Y la abadía ya estaba en ciernes. De todos los libros, uno de ellos no pudo ser descifrado nunca. Se le llamó, por ello, *Libro Mudo.* Permaneció en la abadía. Los demás han vuelto a ella, después de permanecer varios siglos depositados en los archivos secretos del Vaticano.

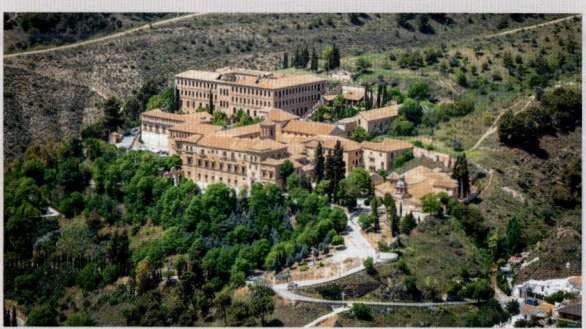

COLEGIATA DEL SALVADOR

Al final de la cuesta se halla la **colegiata del Salvador**. Fue realizada por Diego de Siloé sobre una mezquita árabe anterior. Desde esta plaza accedemos al callejón del Agua por la calle de Pagés. Desde aquel y por la calle de San Bartolomé, se llega a la **iglesia de San Bartolomé**, situada en la referida plaza. Es del siglo XVI, tiene una torre de ladrillo y, en el interior, un artesonado mudéjar.

MIRADOR DE SAN CRISTÓBAL ✳

Tras la citada plaza se sale a la calle de San Cristóbal, al final de la cual se encuentra el **mirador de San Cristóbal** o **de Rolando,** desde el que se disfruta una de las más hermosas perspectivas de la ciudad y de la Alhambra. Se regresa por la calle de San Cristóbal hasta la plaza Larga, junto a la que se encuentra la **Puerta Nueva** o **arco de las Pesas**, típica puerta musulmana con acceso en zigzag.

MIRADOR DE SAN NICOLÁS ✳✳

Por el callejón de San Cecilio se llega a la plaza de San Nicolás, la cual presenta el más bello escenario de la historia, el **mirador de San Nicolás,** desde el que se divisa la Alhambra. La **iglesia** que preside la plaza data del siglo XV, aunque ofrece escaso valor. Junto a esta iglesia se conserva un aljibe de origen musulmán.

En el Camino Nuevo de San Nicolás está el **Museo Max Moreau**, ubicado en el carmen de los Geranios, residencia del artista durante más de treinta años.

▲ La Alhambra desde el mirador de San Nicolás.

• • • • • • • • •

🕐 A2
Colegiata del Salvador
✉ Plaza del Abad, 2.
☎ 958 278 644.

• • • • • • • • •

🕐 B1
Iglesia de San Bartolomé
Mirador de San Cristóbal
Arco de las Pesas

• • • • • • • • •

🕐 B2
Mirador de San Nicolás

Museo Max Moreau
✉ Camino Nuevo de San Nicolás, 12.
☎ 958 293 310.
🖥 www.granada.org

◀ Abadía del Sacromonte.

● B-C2
**Monasterio de
Santa Isabel la Real**
✉ Santa Isabel la Real, 15.
☎ 958 277 836.
🖰 https://staisabellareal.es
🕐 Visitas guiadas, jueves y
sábado (previa reserva) por
la mañana.
📑 Precio: 5 € por persona
(mas precio del guía).

● C1-2
Mirador del Carril de la Lona

● B1
Palacio de Dar al-Horra
☎ 671 563 553.
🖰 www.alhambra-patronato.
es.

● C2
**Iglesia de San José
Casa de Porras
Iglesia de San Gregorio Bético**

▼ Palacio de Dar al-Horra.

▌ MONASTERIO DE SANTA ISABEL LA REAL ✳

Este edificio fue fundado en el año 1501 sobre restos árabes anteriores. Originariamente lo ocuparon las monjas de Santa Clara. La **portada** es gótica, con el emblema del yugo y las flechas, y pináculos góticos adosados. La nave principal está cubierta por una bellísima armadura mudéjar de las llamadas de lazo y cuenta con una preciosista decoración plateresca.

Desde aquí se pasa a la cercana plaza de San Miguel Bajo. En ella, una pequeña **iglesia** erigida sobre una mezquita muestra una sencilla portada renacentista, trazada por Diego de Siloé. Conserva la plaza un típico aljibe, resto de la antigua mezquita, y un crucificado del siglo XVII. Se recomienda acudir al **mirador del Carril de la Lona** y contemplar una bella panorámica de la parte oeste de la ciudad.

▌ PALACIO DE DAR AL-HORRA

A continuación, se rodea la iglesia por el callejón del Gallo en dirección al **palacio de Dar al-Horra.** Se trata de una construcción realizada en el siglo XV, que fue vivienda de la madre del último rey musulmán, Boabdil. Sorprende su bello **patio** rectangular con estanque central y pórtico con tres arcos y columnas con capiteles cúbicos. Las estancias acogen techos de artesonado de lazo y franjas de decoración epigráfica.

▌ IGLESIA DE SAN JOSÉ

Ya en la bajada a la ciudad por la calle de Oidores o por la de San José, se halla la pequeña **iglesia de San José.** Es del año 1501 y fue construida sobre una mezquita anterior de la que se conserva el **alminar**; este hace actualmente las veces de campanario. El interior es gótico mudéjar con techo de artesonado.

▌ CASA DE PORRAS

A la altura de la cuesta de San Gregorio se eleva, en la placeta de Porras, una bella casona, la **casa de Porras,** que posee una portada plateresca y un patio con balaustrada. Frente a ella, uno de los más bellos cármenes granadinos, el **carmen de los Cipreses.**

▌ IGLESIA DE SAN GREGORIO BÉTICO

Terminando el recorrido por el Albayzín en la citada cuesta de San Gregorio, es aconsejable visitar la **iglesia de San Gregorio Bético.** La tradición quiere situar en esta iglesia el enterramiento de los cristianos durante la época musulmana. Fue destruida durante la Guerra Civil y solo se conserva de la antigua estructura del templo una sencilla portada de origen renacentista.

LA PERIFERIA DEL CASCO HISTÓRICO

Fuera del casco histórico, pero no lejos de él, Granada posee algunos hitos interesantísimos que merece la pena conocer, unos de carácter histórico y otros moderno que ponen de relieve el esfuerzo de la ciudad por situarse a la vanguardia de los tiempos actuales.

I LA CARTUJA

Este monumento se sitúa en el norte de la ciudad, fuera del ámbito turístico. Era, antes de su construcción, iniciada en el siglo XVI, una zona de huertas y casas de campo, regadas por la fuente de Ainadamar (fuente de las lágrimas) del cercano pueblo de Alfacar.

Su construcción contó con la ayuda de don Gonzalo Fernández de Córdoba, el Gran Capitán, que donó parte de las tierras necesarias para el monasterio.

Del edificio primitivo solo quedan algunos elementos, ya que sufrió una gran destrucción en el siglo XIX, con la nacionalización y posterior venta de los bienes eclesiásticos. Del monasterio solo queda en pie el llamado claustro pequeño, el comedor o refectorio, la sala *de Profundis,* el capítulo de frailes y la sala capitular. Se conservan también la iglesia y su sacristía.

Se entra a la gran explanada de acceso a través de un **arco** plateresco, que desemboca ante la gran portada de la iglesia, sobre una plataforma elevada. Unas amplias escalinatas conducen a la misma. Es sencilla y severa, con un gran escudo de España en su parte superior, columnas jónicas y una estatua de San Bruno –fundador de la orden cartuja– que la preside.

Al monasterio se llega a través del **claustro pequeño** –conocido también como el claustrillo– que, aunque reconstruido, mantiene una sencilla arcada de medio punto con columnas clásicas.

A uno de sus laterales se abren cuatro pequeñas capillas, con diferentes esculturas, destacando la *Virgen con Niño* de Risueño. Alrededor del claustro se sitúan las principales estancias del monasterio.

En primer lugar, el **comedor** o **refectorio,** cubierto con bóvedas góticas ojivales sobre arco de medio punto, presenta en su cabecera una pintura al fresco del cartujo Sánchez Cotán, que vivió y dejó gran parte de su obra en este monasterio. Otros lienzos de este autor decoran la sala.

Próxima se encuentra la **sala** *de Profundis,* de gran sencillez, en la que destaca un pequeño retablo de Sánchez Cotán.

La siguiente sala o **capítulo de frailes** es también de bóveda de crucería gótica y se halla decorada con diversos lienzos de Sánchez Cotán sobre la historia de la orden.

● f.p.
Monasterio de la Cartuja
✉ Paseo de la Cartuja, s/n.
☎ 958 161 932.
🖥 https://cartujadegranada.com
🕐 Horario: de domingo a viernes, de 10 h a 18.30 h; sábado, de 10 h a 12.15 h y de 15 h a 17.30 h.
🎫 Entrada: 6 €.

▼ Monasterio de lla Cartuja.

La última sala es la **sala capitular** de los monjes, también con bóveda de crucería gótica y decorada con pinturas barrocas de tipo tenebrista del también cartujo Vicente Carducho.

El núcleo artístico del actual monumento es la **iglesia.** Tiene una sola nave de una gran exuberancia decorativa a base de hornacinas, estatuas, yeserías y pinturas que cubren las paredes.

Está dividida en tres partes: la principal, junto a la cabecera, para los monjes; tras ella, la de los hermanos legos, y al pie, una zona para el pueblo. Una bella **puerta** de madera labrada de taracea –incrustaciones de diferentes maderas y hueso– separa la zona de monjes de la de frailes. Todo este conjunto es un primer ejemplo de la gran riqueza decorativa del barroco.

En el **altar mayor** hay un baldaquino o templete con columnas salomónicas muy decoradas y en su interior una imagen de la *Asunción de María* del tallista José de Mora. Detrás de este altar está situado el **sagrario** o **sancta sanctorum,** realizado en el siglo XVIII por Hurtado Izquierdo. Este lugar expresa, con una rica y abundante decoración, la ya típica exuberancia barroca, con lujosos mármoles, esculturas adosadas, bellas cúpulas decoradas y, en su centro, un tabernáculo para el Sagrario adornado con grandes columnas salomónicas.

La **sacristía** ofrece al visitante una primera impresión deslumbradora por el juego barroco de sus líneas decorativas. Es la expresión de un barroco final, que juega con las líneas en un intento permanente de movilidad, acentuada por los juegos de luces y sombras, que crean, aún más si cabe, increíbles perspectivas. Sobre un zócalo de mármoles veteados, los yesos de las paredes parecen moverse permanentemente. Bellas cajoneras de madera de taracea ocupan los intramuros y, sobre ellas, ventanales que iluminan el conjunto. El techo sorprende con su gran cúpula pintada. El fondo de la sacristía, con un pequeño altar con retablo de columnas de mármol, está presidido por una Inmaculada Concepción. Junto al altar se sitúa una pequeña escultura de *San Bruno,* obra de José de Mora, que nos ofrece un bellísimo ejemplo de la típica imaginería barroca granadina.

I HUERTA DE SAN VICENTE

Se encuentra en el centro de un extenso y acogedor parque que lleva el nombre del poeta Federico García Lorca, al otro lado de la avenida Arabial. En esta huerta, entonces alejada del casco urbano, pasó Lorca los veranos de 1926 a 1936, convirtiendo la espaciosa casa en su lugar preferente de trabajo,

• • • • • • • • •

🕐 f.p.

Huerta de San Vicente
Casa Museo García Lorca

✉ Virgen Blanca s/n.

☎ 958 849 112.

🖥 www.huertadesanvicente.com

🕐 Horario: del 1 de junio al 15 de septiembre, de 9 h a 15 h; del 16 de septiembre al 31 de mayo, de 9.30 h a 17 h. Abre de martes a domingo, cierra lunes y festivos.

🎟 Entrada. 3 €.

hasta el punto de que en ella escribió algunas de sus obras más significativas como *Yerma*, *Bodas de Sangre* o el *Divan del Tamarit* y en ella vivió desde el 18 de julio de 1936 hasta unos días antes de su detención y asesinato en el mes de agosto de aquel mismo año. La casa se conserva tal y como el poeta la dejó, convertida hoy en un **museo** con muchos de sus recuerdos, en el que además se organizan numerosas actividades de carácter cultural.

▌ PARQUE DE LAS CIENCIAS

Desde la fuente de las Batallas, la carrera del Darro lleva hasta el paseo del Salón, alegre parque a orillas del Genil que se extiende entre el puente de las Brujas y el puente del Genil. Cruzando este último, hacia el sur se extiende el paseo del Violón, otro hermoso parque que corre paralelo al río. En él se localiza el *Qasr al Sayyid*, o **Alcázar Genil**, una residencia de invitados nazarí ocupada hoy por la **Fundación Francisco Ayala**, y el fastuoso **Palacio de Congresos**.

Algo más abajo se alcanza la avenida del Mediterráneo, en la que se encuentra este excepcional **Parque de las Ciencias**, un lugar prodigioso, ideal para ir con niños, en el que aproximarse al conocimiento científico de manera divertida a través de más de 270 experiencias interactivas distribuidas por los distintos espacios que ocupan un total de 70.000 m^2. Entre sus elementos, sobresale la impresionante **Torre de Observación**, un excelente mirador de más de cincuenta metros de altura desde el que se contempla la ciudad y sus alrededores, incluidos la Vega y las cumbres de Sierra Nevada.

▌ MUSEO MEMORIA DE ANDALUCÍA

Prácticamente al lado, en la avenida de las Ciencias se alza el impresionante edificio en ele de este museo de la memoria de Andalucía, perteneciente a la Fundación Caja Granada. De visita imprescindible, junto con el anterior, para conocer la proyección hacia el futuro de Granada, esta institución es mucho más que un museo en el que se ofrece un completo muestrario de las distintas culturas que se han asentado en Andalucía, pues cuenta, además, con un modernísimo **teatro**; un espacio denominado **plaza de las Culturas**, en el que se organizan todo tipo de eventos culturales; una **sala de exposiciones temporales**, y una **mediateca-biblioteca** dedicada a temas andaluces. Cuenta también con un magnífico **restaurante**, ubicado en la parte superior del lado vertical de la ele con preciosas vistas de la ciudad y sus alrededores.

· · · · · · · · ·

⊙ f.p.
Parque de las Ciencias
✉ Avda. de la Ciencia, s/n.
☎ 958 131 900.
🖥 www.parqueciencias.com
🕐 De martes a sábado, de 10 h a 19 h; domingo, festivos y lunes víspera de festivo, de 10 h a 15 h.

· · · · · · · · ·

⊙ f.p.
Museo Memoria de Andalucía
✉ Avda. de la Ciencia, 2.
☎ 958 222 257.
🖥 www.cajagranada fundacion.es
🕐 Martes, miércoles y jueves, de 9.30 h a 14 h; viernes, de 9.30 h a 14 h y de 17 h a 19 h; sábado, de 10.30 h a 14 h. Domingo, lunes y festivos, cerrado. Agosto cerrado.
Horario especial de verano (24 junio-8 septiembre): de lunes a viernes de 9.30 h a 14 h.

▼ Torre de Observación del Parque de las Ciencias.

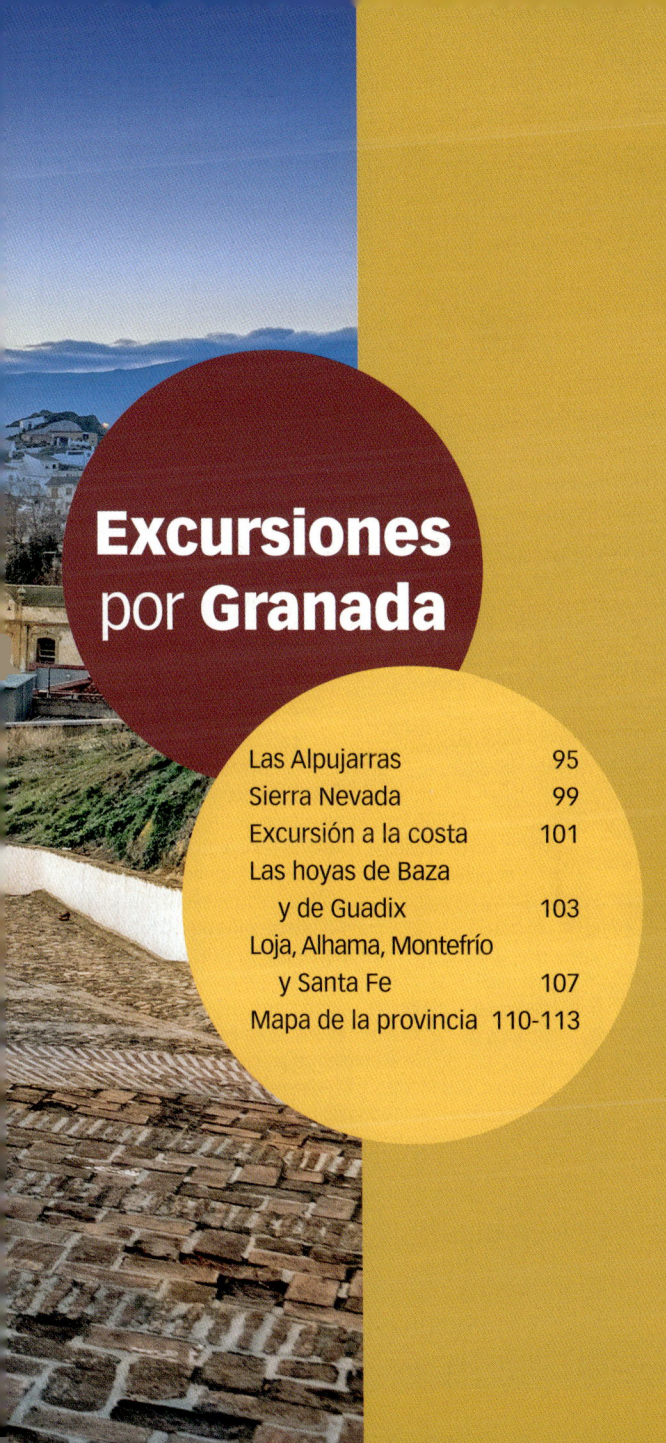

Excursiones
por **Granada**

Excursiones
por **Granada**

La provincia de Granada, en una superficie de poco más de 12.500 km², lo tiene todo. El mar, a solo 50 km de la capital, donde las temperaturas permiten el cultivo de frutos tropicales. El imponente macizo de Sierra Nevada, cuyas cumbres casi pueden tocarse desde la ciudad. La Vega, magnífica extensión de terreno agrícola a lo largo del Genil. Las hoyas de Guadix y Baza, amplias llanuras casi esteparias, cuna de culturas y raro territorio de viviendas trogloditas. La Alpujarra, entre Sierra Nevada y el mar, indómita comarca de características únicas en España. El dulce valle del Lecrín, por donde el camino se precipita hacia el mar, con sus frutales. Los Montes y el Poniente, donde se producen aceites con denominación de origen de excelente calidad. Las sierras de Huétor y Baza, ambas parques naturales. Una variedad que convierte a la provincia granadina en la más espectacular de Andalucía, territorio que tiene, precisamente en la variedad, una de sus principales cualidades.

94 | Granada

Las Alpujarras

La comarca de las Alpujarras es, por encima incluso de Sierra Nevada, el paraje más salvaje y sorprendente de toda la provincia de Granada. A una distancia entre 50 y 120 km de la ciudad de Granada, en pleno corazón de la cordillera Penibética, se abren los valles, las quebradas y los barrancos escarpados a los que no dudan en acercarse a ella.

PAMPANEIRA, CAPILEIRA Y BUBIÓN

La deslumbrante luz de sus campos hacen de la *Contraviesa, Gádor* y *Lújar* las sierras más peculiares de toda Europa. En ellas se recuestan, como dormidas, las blancas casas de sus pueblos, de techos planos y arterias en abanico, que traen a la memoria el pasado morisco de la comarca. Pedro Antonio de Alarcón resaltó con sensibilidad y cariño, en el libro dedicado a la Alpujarra, los rincones perdidos de una sierra que él recorrió a lomos de un caballo.

Ascendiendo hacia la cumbre y ya en el barranco de Poqueira, se divisan las siguientes localidades: **Pampaneira**, con su iglesia barroca construida durante el siglo XVI; **Capileira** y **Bubión**, paradigmas de la arquitectura popular, declarados paisajes histórico-artísticos dada la armonía de su conjunto.

TREVÉLEZ

Antes de llegar a la ruta del Gran Cehel, se puede pasar por **Trevélez**, la localidad más alta de España, situada en la loma del Mulhacén. La visita se recomienda, no solo para comer jamón, sino para admirar la serenidad de los distintos niveles en que se asienta y para pescar truchas en el río del mismo nombre. El pueblo, de casas blancas, como la nieve reflejada al fondo en sus elevadas cumbres, ve pasar apaciblemente el afluente del Guadalfeo por los verdes alrededores de los silenciosos parajes; sus aguas termales tienen propiedades terapéuticas.

El viajero puede disfrutar, en su término municipal, de la paz y el sosiego de los que la urbe carece. Las puestas de sol son espectáculos asombrosos para los ojos del visitante. Deslumbrado por los tibios rayos del astro rey y rodeado de castaños y nogales, la imagen de este trozo de las Alpujarras quedará como recuerdo imborrable en la memoria de los visitantes.

Planificación de la visita

Se proponen cinco itinerarios para conocer la provincia de Granada.

Las alternativas que se pueden elegir para hacer las excursiones son múltiples, pudiéndose combinar los viejos caminos explorados con los nuevos itinerarios.

Para ello, basta mirar con espíritu abierto la geografía de los más de 12.500 km² de territorio que ocupa Granada, y darse cuenta de los infinitos caminos que podemos tomar, todos ellos principales. De norte a sur y de este a oeste, cualquier ruta es buena para iniciar la andadura por estas viejas trochas y veredas de larga tradición cristiana y musulmana.

Para planificar los desplazamientos será de gran utilidad el **mapa de carreteras** de la provincia, en las páginas 110-113.

Las estrellas (✱ o ✱✱) hacen referencia a la importacia o especial interés del lugar así señalado.

• • • • • • • • •

Central de Reservas Turismo Alpujarras
✉ Fuente Mariano, 1. Órgiva.
☎ 958 784 484.
🌐 www.turismoalpujarra.com

Trevélez

Bueno será constatar que la celebridad del jamón de Trevélez –que da origen a uno de los platos granadinos por excelencia, esto es, fritada de jamón con habas de la Vega– se debe en buena medida a la difusión que por múltiples ciudades le confirió el cisne de Pessaro, Gioacchino Rossini, el famoso autor de *El barbero de Sevilla, La donna del lago* y tantas inmortales óperas. En aquella ocasión –otoño de 1860, cercanías de París– el tenor granadino Jorge Ronconi llevó a Pedro Antonio de Alarcón a un palacete en Passy, sin indicarle la finalidad, pidiéndole se fiara de sus intenciones. Penetraron en una habitación estucada de blanco y oro –nos cuenta Alarcón–, con un piano de cola frente a la puerta. Habría unas treinta personas: fraques y abanicos destacando contra los cortinajes carmesíes. De pronto, un señor de edad, con anacrónico pelucón y patillas blancas dijo: "Gran canalla", abrazando al tenor. "Viejo lobo, Joaquín", fue la respuesta de este. A continuación, Alarcón le fue presentado por este al maestro. Y la conversación no tardó en prender. En su trascurso distendido, Rossini, hablando de las cosas de España, llegó a decir: "Lo que no puedo olvidar es el jamón de la Alpujarra. ¿No está la Alpujarra cerca de su pueblo de usted?". A lo cual cortésmente respondió Alarcón que "todo es Sierra Nevada", y sugiriendo: "...y si usted me permite que le envíe...". Fue entonces cuando Rossini replicó que "de eso, hace años, se encarga este –señalando a Ronconi–. Él me los envía con frecuencia. "Oh, la bella España", dice Alarcón que exclamaba de vez en cuando, trasegando el aliento. ¿No sería que pensaba en algo el maestro?

Los escalonados pueblos blancos colgados de las laderas de la Alpujarra, con sus terrazas coronadas por las características chimeneas y cubiertas de launa, ofrecen una original y vistosa imagen de las costumbres alpujarreñas. La localidad celebra sus fiestas patronales entre el 14 y el 16 de agosto.

▼ Típicas chimeneas de la Alpujarra y calles de Capileira (centro) y Pampaneira (abajo).

I YEGEN Y VÁLOR
Yegen y **Válor** están cerca uno de otro. Estos pueblos no necesitan presentación; al primero Gerald Brenan lo describió en *Al sur de Granada;* y en el segundo dicen que nació Abén Humeya, antes Fernando de Válor, un morisco sublevado; en su homenaje, esta localidad celebra sus fiestas de moros y cristianos.

I CÁDIAR
Después de Ugíjar aparece **Cádiar**, que posee una bella iglesia renacentista. De esta población resalta igualmente la original idea de hacer manar de sus fuentes el vino que anima las fiestas del pueblo.

I JORAIRÁTAR, MURTAS Y TURÓN
El inicio del otoño es la época ideal para visitar todas las Alpujarras, pero especialmente la ruta del Gran Cehel, compuesta por las localidades de Jorairátar, Murtas y Turón. Estos tres pueblos poseen un indiscutible encanto para el viajero.

Jorairátar tiene la acogedora sencillez de los lugares apartados del mundo. Sobre sus escasas viviendas pende un enorme peñón que parece amenazar con desprenderse y arrasarlas.

Por su parte, **Murtas** es un pueblo recogido y despejado, rodeado de almendros y de áridas tierras donde se elabora un riquísimo cuajado y queso de almendras. Cresta de ola parecen sus casas cúbicas colgadas del barranco, que resaltan entre las sobrias fachadas de la iglesia. Limpio y blanqueado, el visitante se rinde ante el encanto de sus empinadas calles. Otro de sus atractivos es que, en los días claros, se puede ver el mar desde sus resecas laderas.

En cuanto a **Turón**, cabría decir que es una localidad rodeada por una cierta aureola de leyenda. En ella pueden visitarse la **iglesia de Santa Cruz** y la **ermita de San Marcos**.

I CAPILEIRA
Si su interés por las Alpujarras no se ha agotado, puede, en época estival, remontarse hasta el *pico del Veleta* y desde allí descender por la otra cara

▲ Vista de Bubión desde Capileira.

• • • • • • • • • •

ℹ️ Oficina de Turismo de Órgiva
✉️ Plaza de la Alpujarra, s/n.
☎️ 958 784 266.
🖱️ www.ayuntamiento deorgiva.es

• • • • • • • • • •

ℹ️ Oficina de Información Turística de Lanjarón
✉️ Avda. de la Madrid, s/n.
☎️ 958 770 462.
🖱️ www.lanjaron.es

hacia **Capileira** o a la inversa. La distancia desde la capital hasta la estación de esquí es de 31 kilómetros.

ÓRGIVA

Si el viajero opta por regresar a Granada, dejando la incursión al Veleta, se podrá detener en **Órgiva**, auténtica capital de la Alpujarra occidental, donde puede visitar los restos árabes de la época nazarí y la bonita iglesia parroquial del siglo XVI. En ella existe un retablo de la misma época y una magnífica talla de Martínez Montañés. Si los viajeros son amantes de la cerámica tienen múltiples alfareros en todo el recorrido.

LANJARÓN

Si aún le restan ganas pueden hacer la última parada en **Lanjarón,** que discurre a los lados de la travesía incitando a los turistas a la permanente compra de productos típicos. En la misma travesía se encuentra la iglesia parroquial. La fama del municipio emana de sus aguas medicinales que se pueden tomar en sus fuentes y del célebre balneario. En la calle del Señor de la Expiración se ha instalado un interesante **Museo del Agua.**

Sierra Nevada

Después de las Alpujarras, el viajero puede optar por irse un par de días a la otra sierra, la Nevada, que le permitirá pasar unas agradables jornadas esquiando en las laderas del pico más alto de la península.

PRADOLLANO

Ascendiendo por el macizo de la Penibética, a través de la carretera más alta de Europa, se llega a la estación de esquí de **Pradollano**.

Las pistas son en general muy anchas y bien señalizadas. Las hay para todos los gustos: amplia zona de principiantes, con pistas de poca pendiente; gran cantidad de pistas azules para niveles intermedios, también largas y cómodas, y por último las pistas rojas y negras, entre las que destacan *La Trucha* en la zona de la laguna de las Yeguas y *La Fuente del Tesoro* en Montebajo.

La cercanía al mar y a Granada hacen de Sierra Nevada un lugar ideal para los viajeros que no deseen pernoctar en las instalaciones hoteleras de la estación. Aparte de esquiar, Sierra Nevada ofrece la posibilidad de visitar mil rincones donde practicar el montañismo o incluso bañarse en los lagos que hay en las cumbres.

Punto de información del Parque Nacional de Sierra Nevada
Pza. de la Libertad, 1. Pampaneira.
958 763 127.
www.andalucia.org

▼ Sierra Nevada.

Muley Hacén

Refieren las crónicas que, sumido en profunda tristeza y embargado el ánimo por las muchas revueltas de su reino, siendo suplantado en el trono primero por su hijo Boabdil y luego por su hermano El Zagal, víctima del infortunio de Granada, donde su sola presencia provocaba derramamientos de sangre, Muley Hacén, que durante su largo reinado había sido ejemplo de valor, ya en su ancianidad, se sintió desfallecer, a tiempo que le acometían accesos de locura. Entonces –cuentan las crónicas– se retiró a morir al castillo de Mondújur, en la sola compañía de Zoraya. Relinchar de caballos embravecidos, entrechocar de armas, aullidos de agonía, comparecieron en sus agónicas visiones, atizadas por la epilepsia de que era víctima. Hasta que el fin le llegó el 28 de octubre de 1485, cuando, tras invocar al arcángel Azrael y taparse el rostro con un Corán abierto, entregó su ánima a Alá. Sus exequias fueron penosas y miserables. Entonces cuentan que Zoraya, queriendo darle sepultura que no pudiese ser profanada por siempre jamás, ordenó conducir el cadáver a lo más alto de la Sierra Nevada –*Solair,* para los árabes–, en cuya más alta cumbre y de toda la península mandó inhumar sus restos, cubiertos con la bandera roja de los nazaríes, bajo las nieves perpetuas. Los granadinos de todas las épocas tributaron un último homenaje de gratitud a tan valeroso monarca no permitiendo que el picacho Mulhacén recibiese otro.

▲ Cumbres del Mulhacén.

Los paisajes son verdaderamente majestuosos, destacando el que se divisa desde el *barranco de las Víboras* o el de la *laguna de las Yeguas,* en el techo de España.

GÜÉJAR SIERRA

En el descenso se puede hacer una parada en el pintoresco pueblo de **Güéjar Sierra.** Uno de los muchos pueblos de las montañas granadinas donde aún perduran las fiestas de moros y cristianos. La presa, construida en la zona, ofrece múltiples lugares para relajar al excursionista, que podrá reponer fuerzas con los alimentos típicos del pueblo de Güéjar, donde podrá degustar además los ricos vinos del lugar.

Y si se atreve y el tiempo lo permite optará entre acercarse a la ribera del pantano o introducirse en las aguas de su orilla, con la precaución que el lugar requiere.

Si la visita coincide con la estación veraniega, los riquísimos cerezos de la zona deleitarán al paladar más exquisito.

Antes de llegar al pueblo, desde el *balcón de Canales,* se puede contemplar una hermosa vista del barranco del río Genil.

Excursión a la costa

En algunos lugares de la costa granadina, situados solamente a una o dos horas en coche, aún se pueden encontrar pueblos solitarios y conversar con sus pescadores.

En la temporada del calor no puede faltar la excursión a **Melicena**, **La Rábita** o **La Mamola**. Algunos de los pueblos costeros, sin embargo, han sido invadidos por el turismo y otros han visto sus campos cubiertos de aguacates sustituidos por el hormigón, lo que ha deteriorado mucho su fisonomía. Dos buenos ejemplos de lo dicho son Motril y Almuñécar. En ellos, más que la playa hay que buscar el arte y la historia.

MOTRIL

Motril es una ciudad agrícola e industrial que se ha incorporado con fuerza al turismo. En el centro y las grandes arterias que forman la calle Nueva o rambla de Capuchinos encontraremos la mayor parte del comercio. En la confluencia de la avenida de Salobreña con la de Andalucía sigue imperturbable el **santuario de la Virgen de la Cabeza**. Está edificado sobre un viejo castillo árabe en el que la madre de Boabdil estuvo cobijada. Es de estilo barroco y fue en su día convento de franciscanos

Oficina de Turismo de Motril

Plaza de las Comunidades Autónomas, s/n (entrada Parque de los Pueblos de América).

958 825 481.

http://motrilturismo.com/es

▼ Salobreña.

• • • • • • • • • •

Oficina de Turismo de Almuñécar
✉ Palacete de la Najarra. Avda. de Europa, s/n.
☎ 958 631 125.
🖥 www.visitalmunecar.es

Museo Arqueológico
✉ Eras del Castillo, 29.
☎ 958 616 131.

Castillo de San Miguel
✉ Barrio de San Miguel. Almuñécar.

• • • • • • • • • •

Oficina de Turismo de Salobreña
✉ Plaza de Goya, s/n.
☎ 958 610 314.
🖥 https://turismosalobrena. com

• • • • • • • • • •

Oficina de Turismo de La Herradura
✉ Centro de Interpretación de los Recursos Turísticos de La Herradura. Paseo Andrés Segovia, s/n.
☎ 958 618 636.
🖥 www.visitalmunecar.es

▼ Castillo de Almuñécar.

y palacio episcopal. en la calle Cardenal Belluga se sitúa el **Museo Histórico,** en la conocida como **Casa Garcés.**

▎ALMUÑÉCAR

En **Almuñécar** destacan la **necrópolis** fenicio-púnica del siglo VIII a. C., el **acueducto,** el **Museo Arqueológico Cueva de Siete Palacios,** cuya pieza más singular es el *vaso de Apofis* (pieza del arte funerario egipcio); y el **castillo de San Miguel,** construido sobre cimientos árabes por deseo de Carlos V.

Por último hay dos puntos imprescindibles para el viajero: Salobreña y La Herradura. La primera todavía conserva una soberbia fortaleza fenicia y árabe. La segunda cuenta con unos grandes espacios verdes, difíciles de encontrar ya por otras partes de la costa. Pero hay bastantes diferencias.

▎SALOBREÑA

Salobreña aparece ante los ojos del visitante como una piña blanca que se yergue desafiante junto al bello azul de sus aguas mediterráneas. La ciudad estuvo poblada desde la época del Bronce argárico. A principios del siglo XX, la caña de azúcar y su transformación tanto en azúcar como en alcohol, sobre todo ron, dieron un impulso a su economía, impulso al que han venido a sumarse más recientemente el cultivo de frutos tropicales y el turismo.

El buen clima del que goza la ciudad torna grata la estancia en ella durante todo el año. Al empezar la primavera ya empiezan a llenarse sus magníficas *playas* como *el Peñón,* la *Cagadilla,* la *Guardia*...

El municipio, suficientemente alejado del mar para preservarse de los vientos, guarda su original estructura de laderas descendentes que aún mantienen intacta la lógica de las construcciones pensadas para vivir en un lugar tan abierto a la costa. Fue ciudad residencial de los monarcas nazaríes, que acudían a su alcázar a pasar el verano. El **casco antiguo** está constituido por callejuelas estrechas, retorcidas y empinadas. El **castillo,** de origen fenicio, fue reconstruido por los romanos y posteriomente por los árabes.

La Herradura, además del privilegiado entorno con el que cuenta, tiene un hermoso nombre que le da la forma del lugar donde se halla. Lo que ofrece un privilegiado clima de escasa humedad gracias a la protección de las montañas paralelas a la playa. Desde sus alturas se aprecian unas perspectivas marítimas de singular belleza.

Las hoyas de Baza y de Guadix

Hacia el interior, casi más cerca de Murcia que de Granada, se encuentran Orce y Baza, al pie de la sierra del mismo nombre. En estas tierras los arqueólogos han encontrado restos prehistóricos de indudable interés, entre los que se encuentra el Hombre de Orce.

BAZA

La villa de Baza rezuma un sabor añejo en la estructura de sus calles y en la arquitectura de sus casas y monumentos. Los restaurados **baños árabes** y la **iglesia colegiata de Santa María,** gótico-renacentista, que trazaran Diego de Siloé y Pedro Machuca, son verdaderas joyas. Aquí se descubrió la legendaria escultura ibérica de la **dama de Baza,** del siglo IV a. C, copia de la cual puede verse en el **Museo Arqueológico**, ubicado en el **Ayuntamiento Viejo**, gran caserón renacentista, ya que el original se encuentra en el Museo Arqueológico Nacional de Madrid. La arquitectura del **palacio de los Enríquez** se alza desafiante pese a sus cinco siglos de existencia. El edificio es un ejemplo de gran vivienda palatina de carácter rural y estilo mudéjar, que guarda entre otras joyas unos espléndidos artesonados.

El pueblo forma una depresión, en cuyo centro se sitúa la *hoya de Baza*. Su relieve cuenta con unas perspectivas de singular tipismo para los aficionados a la fotografía.

LACALAHORRA

Ya hacia Granada, es aconsejable desviarse para contemplar la lúgubre inmensidad del castillo re-

Oficina Municipal de Turismo de Baza
✉ Alhóndiga, 1.
☎ 958 861325.
🌐 www.bazaturismo.com

Centro de Visitantes Narváez-Parque Natural Sierra de Baza
✉ Autovía A 92, km 324.
☎ 958 002 018.

Oficina de Información Turística de Orce
✉ Tiendas, 18. Palacio de los Segura.
☎ 958 746 171.
🌐 www.orce.es

▼ Vista de Orce.

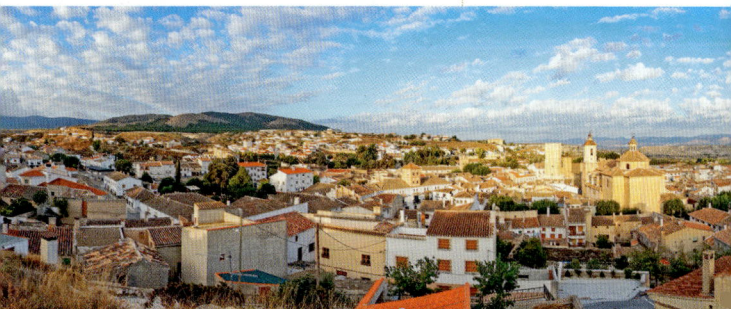

Un castillo como regalo de bodas

Duro y medieval por fuera, el castillo de Lacalahorra es, por el contrario, en su interior, un palacio suntuoso a la manera bramantina. Relata la historia que don Rodrigo de Mendoza, nieto de don Íñigo de Mendoza, primer marqués de Santillana, poeta inmortal e hijo primogénito del gran cardenal Mendoza, a su vuelta de Italia –viudo de su primera mujer Leonor de la Cerda, hija del duque de Medinaceli–, donde había sido prometido de Lucrecia Borja, en 1504 lo mandó construir. Hombre de genio violento, don Rodrigo, que se había distinguido por su heroicidad en el sitio de Baza y en la Guerra de Germanías, erigió esta fortaleza como regalo de bodas a María de Fonseca, hija del temido marqués de Coca, a la cual hubo de raptar de un convento de Valladolid, con la oposición expresa de los monarcas castellanos. Tenía ella 16 años y 37 él. Arremetió contra todos y contra todo, y venció. Interesante será constatar que el castillo fue construido mediante la dote de su primera mujer (que dicho sea de paso murió de un berrinche de celos según unos y de sobreparto según otros), razón por la cual proliferan los blasones de Medinaceli –y no Fonseca– y la inscripción "Munus Uxoris" (regalo de la esposa) que campa en el frontispicio de la galería superior, a poniente del patio. Los cartularios de la época dan fe de que, encerrado en este castillo y receloso de todos, hizo grabar en la portada una orgullosa inscripción que, dirigida a los monarcas, decía: "Sirva esta fortaleza de guarda de caballeros a quien sus reyes quisieran agraviar".

nacentista de **Lacalahorra**, en el marquesado de Zenete, y las minas a cielo abierto de **Alquife**, de visión impresionante.

El **castillo** (1500-1513) padece un cierto abandono pero el desvío merecerá la pena para contemplar el pueblo, donde la mina constituye no solamente la riqueza económica del municipio que lleva su nombre sino que su diámetro y profundidad, junto

▲ Vista de Guadix.

al calor de la tierra horadada, dejará sin aliento a los que decidan descender al fondo de la explotación minera. Todo el conjunto está rodeado del enorme farallón natural que forma la *hoya de Guadix.*

▍GUADIX

El paisaje que rodea a la ciudad, con sus numerosas **cuevas,** muchas de ellas habitadas, constituye el primer hito de la singularidad de una población que posee el conjunto artístico y monumental más importante de la provincia granadina tras la capital.

La **puerta de San Torcuato** da paso a la Guadix histórica. La **catedral,** magnífico templo de tres naves con girola, se construyó entre los siglos XVI y XVIII sobre la antigua mezquita aljama. En la calle de Santa María del Buen Aire, antigua **judería,** se localizan el **palacio Episcopal** y el **de Villalegre.** En la calle **San Miguel** se encuentra la iglesia de igual nombre, al lado de la cual se abre el **arco de Mensafíes,** por el que se alcanza la **iglesia de la Magdalena;** ambos templos datan del siglo XVI.

La **alcazaba** musulmana, construida en el siglo XI bajo la dinastía zirí, es uno de los edificios más representativos de la ciudad. A su lado está la **iglesia de Santiago,** cuyo proyecto se debe a Diego de Siloé. La iglesia da nombre a uno de los barrios más característicos de la ciudad, de callejuelas recoletas en la que abundan los palacios y las casas señoriales.

De la plaza de Santiago baja la calle Ancha, en la que se encuentran la antigua **lonja de Mercaderes** y el **pósito,** de los siglos XVI y XVIII respectivamente.

* * * * * * * *

🏛 **Oficina de Turismo de Guadix**
✉ Pza. de la Constitución, 15/18.
☎ 958 662 804.
🌐 https://guadix.es

🏛 **Cueva-museo Centro de Interpretación "Cuevas de Guadix"**
✉ Plaza Padre Poveda, s/n.
☎ 958 665 569.

Loja, Alhama, Montefrío y Santa Fe

Hay otra excursión hacia el interior, hacia el oeste, donde se llega hasta Loja y Alhama, ambas a poco más de 50 km desde Granada y a escasa distancia entre sí.

LOJA

Con sus más de 22.000 habitantes, Loja es una ciudad cargada de historia, con una antigüedad que se remonta al siglo XI a. C., cuna, entre otras figuras, del polígrafo agareno Ibn al-Jatib y del general Narváez, conocido como el *Espadón de Loja*, por su afición a solucionar los problemas políticas a golpe de espada. Su *Semana Santa** reviste una enorme singularidad, no tanto por sus pasos, como por los elementos que en ella intervienen, con los incensarios como principales protagonistas. Su precioso caserío es pintoresco y romántico. En él sobresale el barrio de la **Alcazaba**, en lo más alto, con los restos bien conservados del viejo castillo musulmán, que alberga el **Museo Histórico Municipal**. Interesantes son las **iglesias de San Gabriel** y **de la Encarnación**, del siglo XVI, así como el **palacio de Narváez**, situado en la calle del Duque de Valencia. Merece la pena acercarse a los Jardines de Narváez, a unos cuatro kilómetros, un romántico lugar donde el río Plines desemboca en el Genil. Más fantástico aún es el enclave de *Los Infiernos*, a las afueras de la ciudad en dirección a Huétor Tájar, donde el Genil forma una espectacular cascada. Y, por supuesto, el

🛈 Oficina de Turismo de Loja
✉ Edificio Espacio Joven. Comedias, 2.
☎ 958 323 949.
🔗 https://lojaturismo.com

🛈 Punto de Información Turística en el Centro de Interpretación Histórico de Loja
✉ Plaza de la Constitución, s/n (Antigua Casa de Cabildos).
☎ 958 321 520.
🔗 https://lojaturismo.com

◀ Vista de Montefrío.
▼ Vista de Loja.

Centro de Interpretación Ambiental de Riofrío
Edificio Villa Carmen. Riofrío.
958 321 520.
https://lojaturismo.com

Oficina de Turismo de Alhama de Granada
Carrera Francisco de Toledo, 10.
958 360 686.
https://turismodealhamade granada.com

Oficina de Turismo de Montefrío
Plaza de España, 1.
958 336 004.
www.turismomontefrio.org

que desee probar un buen caviar, no tiene más que acercarse a la pedanía de **Riofrío**, a unos diez kilómetros por la A 341, donde existe una piscifactoría ecológica en la que se crían truchas y esturiones.

ALHAMA

Alhama, enclavada sobre un profundo corte realizado por el río de igual nombre y el Cacín, es conocida por el balneario de aguas termales que pusieron en marcha los romanos y continuaron los árabes. Los Reyes Católicos encargaron a Diego de Siloé diseñar la **iglesia del Carmen.** Reviste gran interés la visita a la **ermita de la Virgen de los Ángeles,** a las **ruinas** romanas y a los impresionantes tajos, que resaltan la fiereza del agreste paisaje del olivar.

MONTEFRÍO

De vuelta a la capital es interesante detenerse en **Montefrío**, frontera del reino nazarí, a 47 km de Granada. La villa, de singular personalidad, está enclavada en un terreno agreste, a los pies de un pronunciado roquedo, entre las sierras de Chanza y de Parapanda. El relieve de lomas coronadas y el conjunto de montañas que lo rodean hacen bastante atractiva la visita a la vieja **alcazaba** y a la **iglesia** recogida entre sus murallas. El conjunto se encuentra a la sombra de una inmensa mole de piedra, quizá para indicar la prehistoria de sus cercanías,

La cueva de los Siete Durmientes

Una antigua tradición –avalada por cronistas árabes como Al Idrisí e Ibn al-Jatib– insiste en que la cueva de los Siete Durmientes se localizaba en Loja. Es esta la fenicia *Alfeia,* la romana *Tricolia,* la árabe *Medina Lauxa*... Loja, que los árabes llamaron "rosa entre espinas" en alusión al contraste con las descarnadas peñas sobre las que se asienta, y los cristianos "la malganada" aludiendo a la mucha sangre que costaría su conquista. Bueno será recordar que tal leyenda, de origen incierto pero remoto, aparece en una de las suras –la XVIII– del Corán y hace mención a que siete niños fueron emparedados, junto con un perro, en una caverna, por orden del emperador Decio. El prodigio consiste en que cuando despertaron ya reinaba Teodoro el Joven... pues en realidad habían pasado doscientos años. Numerosos polígrafos llamaron a Loja "madinat Daqyus", esto es, ciudad de Decio, y nos describen el hecho histórico de que en una caverna perdida en los imponentes roquedales de la ciudad de Loja –que aquí llaman infiernos– fueron encontrados siete jóvenes muertos, seis yacían sobre sus espaldas y uno sobre su costado derecho, junto con un perro a los pies de éstos. Los cadáveres permanecían intactos. *Los siete durmientes* recibieron culto y el lugar se convirtió en centro de peregrinación.

◄ Casco antiguo de Alhama.

representada por las *peñas de los Gitanos.* A 4 km de Montefrío, y de indudable interés arqueológico, son los restos de la **acrópolis** ibérica **Hipo-Nova** y los dólmenes megalíticos. Los excursionistas pueden contemplar la planta circular de la neoclásica **iglesia de la Encarnación,** que dispone de una magnífica acústica. Esta obra se atribuye al maestro Diego de Siloé, aunque su ejecución corrió a cargo del cantero Andrés de Madrid. Podemos imaginar el lugar donde tuvo la corte el rey Aben-Ismael III, visitando la **iglesia** vieja **de Santa María,** de estilo gótico-renacentista, levantada en la antigua fortaleza militar.

| SANTA FE

En las cercanías de Granada, se puede realizar una última parada en **Santa Fe**. Sus arcos cruciformes jalonan las distintas entradas a la ciudad, que aún recuerdan el campamento militar que los Reyes Católicos establecieron en el asedio de Granada.

En esta ciudad se firmaron también la rendición de Granada y los acuerdos entre Colón y los reyes. Entre sus calles llanas salpicadas de cafeterías, desembocando en la bella plaza del pueblo, pueden degustarse los celebérrimos "piononos de Santa Fe". Los locales siempre animados están ubicados cerca de la sobria iglesia. Integrado en la vega granadina, el municipio está logrando un gran protagonismo rememorando las Capitulaciones de Santa Fe, que cada año permiten un mayor acercamiento a la rancia historia de la localidad. Son festejos que crecen en importancia y a los que acuden distintas representaciones culturales con la pretensión de revitalizar unos orígenes que no sabemos si sería bueno olvidar. En cualquier caso, el evento permite que el teatro, la música y otras actividades político-culturales hagan de reclamo a un numeroso público que, fiel a la calidad de la programación de las fiestas, se desplaza a presenciarlas.

● ● ● ● ● ● ● ● ●

🛈 **Oficina de Turismo**
Vega Sierra Elvira
✉ Puerta de Sevilla.
Isabel La Católica, 7. Santa Fe.
☎ 958 513 110.
🖥 www.santafe.es

Mapa
de
Granada

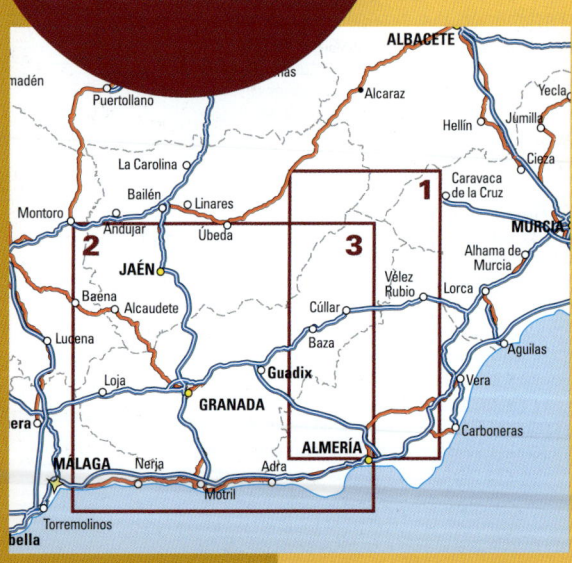

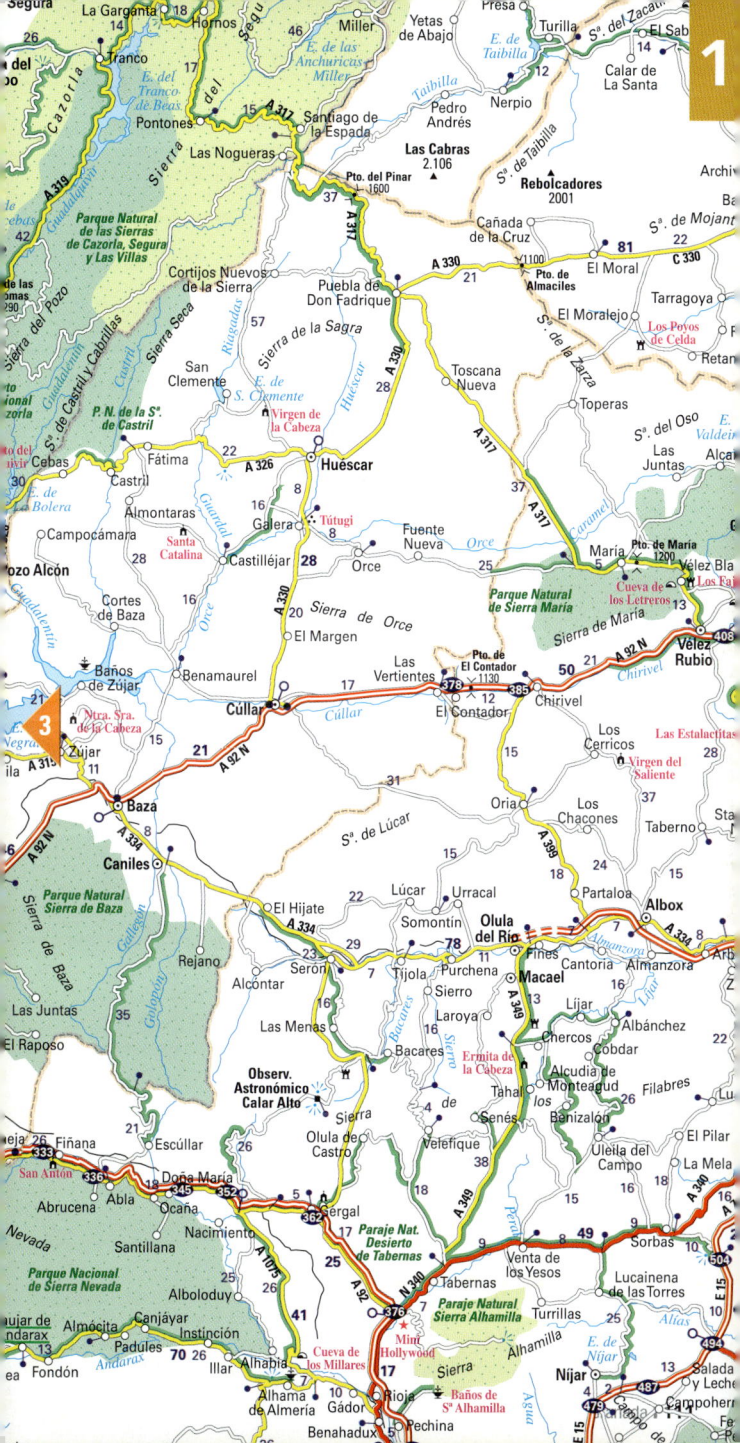

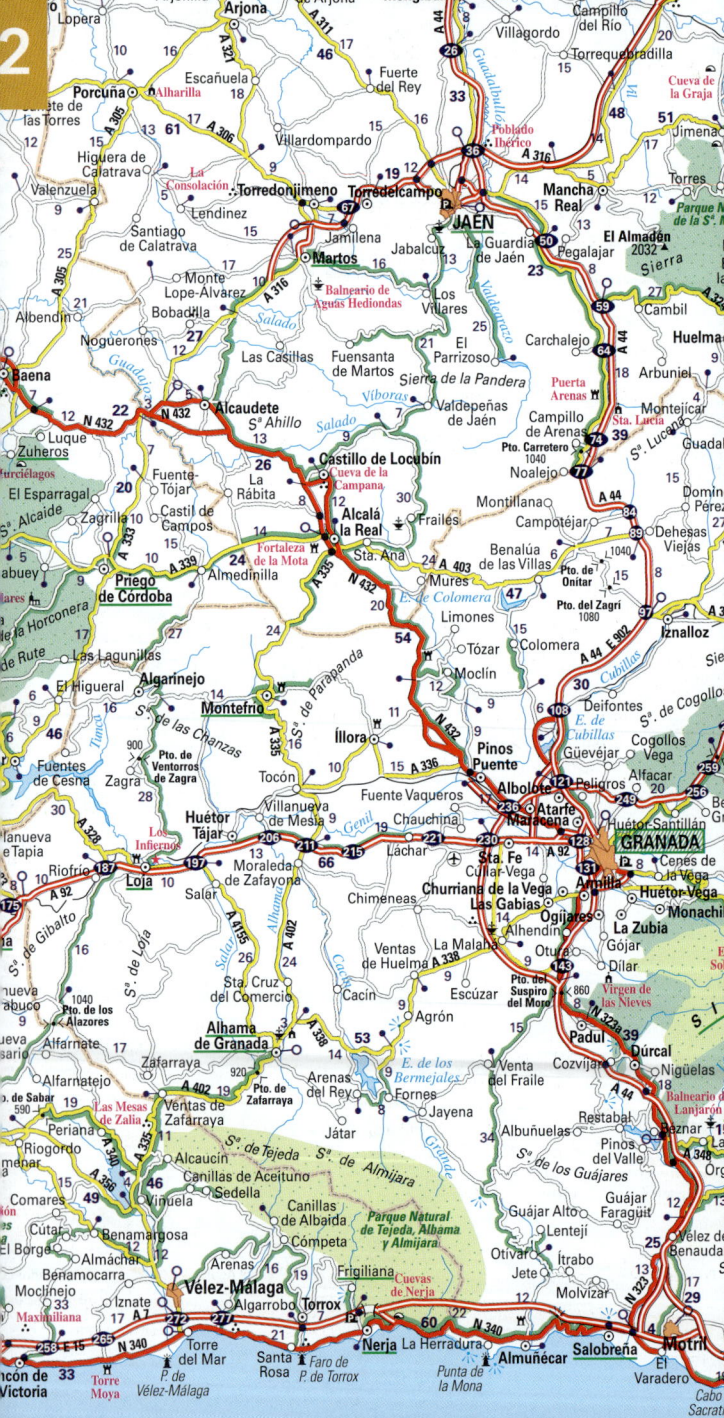

Dónde...

GASTRONOMÍA

Gustar de los usos gastronómicos de una tierra es una buena y gratificante forma de adentrarse en la historia, en la manera de ser de las gentes de un lugar. En los aromas y sabores que surgen de las cocinas perviven recuerdos de escenas que ocurrieron muy atrás en el tiempo, testimonios del paso de otros pueblos, tradiciones y leyendas. Pero también se descubren rasgos de imaginación y creatividad en las nuevas formas de ver el mundo y la vida, de adaptarse a las situaciones. La provincia de Granada tiene mucho que ofrecer a todo aquel que desee conocer la rica variedad de sus paisajes y quiera acercarse a la realidad de sus gentes. Como tesoros bien guardados, la gastronomía tradicional granadina ha sabido conservar recetas y usos culinarios que forman parte de la herencia que fueron dejando árabes y judíos, aragoneses o castellanos, aportando además su estilo propio. Y su valor, por su capacidad de transmitir historia y cultura, podría compararse con el de sus abundantes y ricos conjuntos monumentales.

▌El tapeo

Gracias a la costumbre del tapeo podemos acceder a una cocina sencilla y casera muy sabrosa, que ha sabido permanecer en los fogones de los infinitos bares de nuestra tierra. La verdadera tapa, para ser tal, debe reunir una serie de requisitos que darían pie para todo un análisis de las relaciones humanas, donde reside su verdadero carácter y originalidad: debe acompañar una bebida, preferentemente vino, pues la graduación alta de nuestros caldos parece pedir un acompañamiento sólido que ayude a afinar el paladar tras cada trago. En segundo lugar, el factor sorpresa, lo inesperado de dicho acompañamiento, dejado a la voluntad del dueño del bar, que es como si obsequiase a sus clientes con una gentileza de la casa. La tapa justifica y da sabor a la tertulia de amigos que se forma en la barra, en la cual a menudo también participa el dueño.

La filosofía de la vida que se encierra en el tapeo se expresa en las relaciones humanas, que son tan importantes como las mismas tapas que se consumen, y tan valiosas y dignas de conservación como estas. Los adobos de cazón, los boquerones en vinagre, la carne en salsa, las berenjenas rebozadas, los riñones al jerez o las migas, se encuentran entre ese delicioso surtido que podemos probar en las rutas de tapeo que recorren la ciudad.

En los últimos años están proliferando "casas de vinos", o tabernas, que siguen un estilo tradicional y popular, remozado con comodidades actuales, donde se degustan "tablas de embutidos", como propuesta de cena ligera. Muchas variedades de ja-

mones, morcones, lomos embuchados, salchichones, chorizos... tienen su sitio en esta iniciativa, acompañados de las tortas *salaíllas* y panes de aceite. Sin olvidar los quesos que producen las sierras.

I Lo morisco

Uno de los rasgos que confieren más personalidad y estilo a la cocina granadina es la herencia árabe, que se refleja en multitud de fórmulas, como por ejemplo en la sabia utilización de especias, el contraste de sabores que supone incluir ingredientes dulces en platos salados, o la presencia de la almendra en salsas y aderezos, y que luce en todo su esplendor en la variada repostería que sale de las manos alpujarreñas. Es tan grande la importancia de este rasgo diferenciador, que muchos restauradores avispados pretenden dar realce a los platos que presentan añadiéndoles un "a la morisca", aunque incluya en sus ingredientes tomates o pimientos, que, como es sabido, llegaron a nuestros huertos bastante tiempo después del descubrimiento de América.

La presencia de aquellos árabes refinados en estas tierras, durante tantos siglos, dejó huellas que aún perduran en la preferencia por ciertos usos culinarios o determinados productos, capaces de alcanzar exquisitas calidades. Tal es el caso de la alcachofa, insuperable verdura que crece en las vegas granadinas, a la que los tratados árabes de cocina llaman *alcauciles,* presentándolas rellenas de una masa hecha con carne picada y perfumada con especias. También las albóndigas, o *ahras,* tienen su origen, cocinadas con carne de cordero, en la culinaria oriental.

La berenjena, otra de las hortalizas preferidas por los árabes, a la que llegaron a dedicar poesías, es la protagonista de la *alboronía,* plato que lleva también calabaza, membrillo y cebolla, y que es uno de los emblemáticos de la cocina tradicional de toda Andalucía.

I El pan

Algunas denominaciones de origen certifican una calidad y un sabor: el pan de Alfacar, hecho en hornos de leña, a los que debe su aroma a monte y a tomillo, o el de Huétor Vega, tostado y crujiente.

Otras veces, el pan se convierte en *tortas salaíllas* –panes redondos con granos de sal gruesa por encima–, en hornazos –de aceite rematados con un huevo duro– por San Marcos, o en esas hogazas ancestrales, característico pan de pueblo, de miga recia, que se conservaba en orzas de barro y era capaz de aguantar varios días. Esa rebanada de pan que, con un chorro de aceite de oliva y quizá un tomate restregado, es la mejor manera de empezar el día como desayuno.

Los majados, para toda clase de salsas y guisos, base del más famoso de nuestros platos, el gazpacho, es otro de los usos que aquí quedaron, utilizando los distintos tipos de almireces y morteros, sean de cobre, madera o barro. El ajo y la almendra, junto con el pan, crudos o fritos, más clavo de especia, cominos o pimienta, suelen fundir sus aromas y sabores en los majados.

En los dulces, aunque no con carácter exclusivo, se utilizan la miel, el ajonjolí y la naranja. Y la canela, que tan bien sabe actuar en toda clase de combinaciones, de dulce o salado.

La influencia morisca sintetiza en Granada toda una tradición gastronómica que, en muchos aspectos, parte de más antiguo, de época romana y quizás más atrás en el tiempo. Se observan estas raíces ancestrales en las migas, ese plato de invierno a base de miga de pan, o de sémola de trigo, tan emparentado con el *cuscús* marroquí y que tan bien acompaña a la carne de cerdo como a las sardinas de la costa. O en las variedades de masas fritas, como los *boladillos*, donde se encuentran en amigable combinación lo salado con lo dulce, que suele ser la miel, sea negra, de la caña de Motril, o blanca y perfumada con las mil flores de los montes que rodean Granada, como la sierra de Lanjarón, en donde crece profusamente el romero. También los pastelones de hojaldre, rellenos de carne de liebre o aves, tienen a gala el pertenecer al abolengo morisco, de los que la mítica *bastela* parece reina y señora, herencia de una cocina que produce alimentos que se pueden tomar con los dedos, sin necesidad de cubiertos, al uso de aquellos hombres del desierto.

▍La huerta

Granada, desde los tiempos remotos, siempre se asoció a la imagen del paraíso por la feracidad de sus vegas, donde se recogían variedades de frutos y hortalizas que fueron apreciadísimos más allá de los límites del reino. Por ello, la cocina tradicional granadina ha consagrado platos capaces de sintetizar la calidad de sus productos de huerta. Tal es el caso de las habas verdes, que en cazuela con jamón constituyen el plato más típico de esta tierra, con tal que sean tiernas y recién cortadas, con toda la fragancia de las vegas en mayo. Los espárragos verdes, trigueros, que crecen en la vega del Genil a la altura de Huétor Tájar, entran también en las cazuelas, que asimismo gustan de combinar diversas verduras, a la manera de los pistos manchegos, o dando vida a una enorme variedad de potajes caseros, que no por serlo resultan menos sabrosos. La costa, con su producción de frutos tropicales, ha introducido el aguacate en sus usos gastronómicos, con fórmulas como la crema fría, o acompañando a mariscos y ensaladas. La chirimoya, que también crece en las fértiles vegas subtropicales de Almuñécar y Motril, es otra aportación genuina de esta tierra. La fruta, de aromas delicados, aparece en las mesas como postre de invierno y en algunos restaurantes se presenta como sorbete.

Pescado

Otras delicias pueden encontrarse en Granada junto al mar, como la enorme variedad de platos que proporciona su riqueza en pescados, de los que quizá el de mayor solera sea la *moraga de sardinas,* una exquisita cazuela de pescado, que se acompaña de almejas, piñones, ajo y vino blanco. Las lonjas de las ciudades costeras exhiben a diario cazones, boquerones, gallinetas, quisquillas de Motril, pescadas, pijotas, jureles verderones, besugos y un largo etcétera, que se pueden preparar fritos o a la plancha. La costumbre de comer pescado es una de las más arraigadas entre los granadinos y el mercado corresponde a esta afición ofreciendo gran variedad y calidad de productos frescos, que pueden degustarse en los bares y restaurantes de todas las categorías.

Cerdo

Tierra adentro, y sierras arriba, la gastronomía ha sabido demostrar la calidad de los productos que surgen del viejo rito de la matanza. El jamón pone de manifiesto esta característica, sobre todo si es de Trevélez, es decir, curado con los aires fríos de Sierra Nevada en aquel rincón de la Alpujarra Alta, que ha acuñado una denominación de origen, garantía de su reconocida fama.

El jamón da sabor y aroma a numerosos platos típicos, junto con otros productos del cerdo, como el lomo, que es exquisito conservado *en pringue* o *en orza.* Esto se da con mayor profusión en *la olla de San Antón,* que suelen ofrecer muchos restaurantes especialmente el día 17 de enero, fiesta del santo protector de los animales. Esta olla tiene al cerdo como protagonista en la *pringá,* que consiste en morcilla, panceta, tocino de papada, hueso de espinazo, costillas, orejas y que se ha cocido sobre una base de legumbres: habas secas, judías blancas y arroz. Todo ello aromatizado con cebolla, ajo, tomillo e hinojo. Sabrosísimo plato, que ayuda a combatir el frío, y el hambre, en pleno invierno.

El agua

No se puede pensar en una comida sabrosa sin contar con el agua, de la que muy pocos platos prescinden, tan indispensable para la vida. El agua en Granada se hace leyenda y elemento esencial de su paisaje, se puede saborear en las fuentes que la traen de Sierra Nevada, o embotellada en Lanjarón, con la dosis justa de sales minerales, en sus variedades con gas o sin gas.

Aguas medicinales se ofrecen también en los balnearios de Lanjarón, Alhama de Granada y Alicún de las Torres, ya utilizados por los romanos.

Repostería

Y para postre, cómo no recurrir a una exquisita repostería artesanal, que tiene inspiración en los conventos de clausura y en la remota afición golosa de los moriscos. Las pastelerías y los restaurantes se inspiran en el tranquilo primor conventual para elaborar los *suspiros de monja, pastelillos de gloria, huesos de santo*, o bien recurren directamente a las monjas para ofrecer a su clientela lo más genuino de su producción: el *huevo homol* de las Capuchinas, las compotas de las Comendadoras de Santiago, o la *bizcochada* del convento de Zafra.

Por Navidad, la actividad de las monjas se intensifica y a sus recintos sagrados acuden golosos peregrinos a recoger alfajores, batadines y mantecados o mazapanes. Y regresan convencidos de haber alcanzado un pedacito de cielo.

Longanizas, morcillas y tocinos aparecen en gran cantidad de platos de la cocina popular por ser la que tiene su origen en los ambientes campesinos, en los que la matanza ritual servía para abastecer la despensa durante todo el año, en aquellos tiempos en que las comunicaciones y la extensión de los mercados limitaban el transporte de bienes y servicios.

El ingenio y la imaginación suplieron muchas veces la escasez de ingredientes y dieron origen a fórmulas apreciadísimas hoy en día. La tradición considera que la popularísima tortilla del Sacromonte, plato sin embargo sujeto a numerosas mixtificaciones que nada tienen que ver con su eclesiástica abadía, que se encuentra en el barrio de las cuevas, tuvo que estimular la capacidad de improvisación del cocinero, que, echando mano de lo que tenía en la despensa, fabricó una mezcla de huevos, sesos, que pudieron ser de cerdo o cordero, criadillas, también de cerdo o cordero, que se convirtió en una original delicia.

▌ Vinos

Desde antiguo, en la comarca alpujarreña y, en concreto, en la sierra de la Contraviesa, se han producido vinos de calidad aceptable que eran conocidos como de *Costa*. Localidades como Albondón, Cádiar, Murtas, Polopos, Sorvilán y Torvizcón contaban con las bodegas más importantes cuya producción se destinaba prácticamente a consumo propio de los pueblos de la zona. Esta situación ha cambiado enormemente en las últimos años. Para empezar, la producción vitivinícola se ha extendido por la mayor parte de la provincia, desde Huéscar y Galera por el norte, a Jete, por el sur, pasando por poblaciones como Darro, Deifontes, Cogollos de Guadix o Dólar, entre las más significativas, además de las ya nombradas en la Alpujarra. Seguidamente se han recuperado variedades de uva casi perdidas, como la exquisita *vijiriega*, y se han introducido otras de las consideradas nobles. Han cambiado también los métodos de elaboración, adoptándose las técnicas más modernas. Todo ello ha hecho que hoy los vinos granadinos hayan alcanzado un altísimo nivel que les está permitiendo conseguir importantes premios en los certámenes y ferias más renombrados del país y de fuera de él, motivo por el que cada vez son más demandados por los consumidores. Más de veinte bodegas, acogidas a la DOP Granada, elaboran blancos, tintos y hasta espumosos, que obtienen de unas 300 ha de viñedos.

∎ Restaurantes

GRANADA CIUDAD

La ciudad de Granada guarda en los laberintos de sus calles posibilidades para disfrutar de los placeres de la buena mesa: variedad en los platos que se elaboran en sus fogones y también en precios y servicios. Granada ofrece al visitante el esplendor de sus monumentos, situados al lado de la intimidad de sus tascas, bares o restaurantes, de forma que es perfectamente posible armonizar el goce estético con el disfrute de una buena comida.

Alameda

- ✉ Rector Morata, 3, esquina Escudo del Carmen.
- ☎ 958 221 507.
- 🍴 Precio medio: 45-50 €.

Restaurante con desenfadada elegancia minimalista. Excelente cocina española modernizada con interesantes toques creativos. En la planta baja se puede comer a base de tapas.

Albanta

- ✉ Sala Dos Hermanas, 3.
- ☎ 637 891 149.
- 🌐 www.restaurante albanta.com
- 🍴 Precio medio: 40-45 €.

Establecimiento con mucho encanto. Dispone de una magnífica terraza ajardinada para cenas románticas con el buen tiempo. Cocina tradicional mediterránea, con preferencia por las carnes. Muy buen servicio.

Altamura

- ✉ Avda. Andaluces, 2.
- ☎ 958 272 908.
- 🍴 Precio medio: 40-45 €.

Trabaja la cocina italiana, con buenas pastas y pizzas, pero también con una muy recomendable carta de carnes y pescados en elaboraciones muy interesantes.

Carmen de San Miguel

- ✉ Plaza Torres Bermejas, 3.
- ☎ 958 226 723.
- 🌐 https://carmensan miguel.com
- 🍴 Precio medio: 50-55 €.

Su carta constituye una selección de platos de la cocina andaluza y de la internacional. Extraordinarias vistas desde su terraza de verano.

Casa Salvador

- ✉ Duende, 6.
- ☎ 958 261 955.
- 🍴 Precio medio: 30-35 €.

Mantiene una buena relación calidad-precio y es una referencia para degustar los platos de la cocina granadina. Se puede comer muy bien a base de tapas.

Chikito

- ✉ Plaza del Campillo, 9.
- ☎ 958 223 364.
- 🌐 https://restaurante chikito.com
- 🍴 Precio medio: 45-50 €.

En la plaza del Campillo, junto a la fuente de las Batallas, nos recuerda en su placa conmemorativa que en tiempos de García Lorca era el café Alameda, punto de encuentro de intelectuales y artistas.

Cunini

- ✉ Paz, 1.
- ☎ 958 250 777.
- 🍴 Precio medio: 40-45 €.

Un gran clásico. Muy cerca de la catedral, es insuperable en la calidad de sus pescados y mariscos. Muy popular.

Damasqueros

- ✉ Damasqueros, 3.
- ☎ 958 210 550.
- 🌐 https://damasqueros. com
- 🍴 Menú degustación: 65 €. Menú con maridaje: 95 €.

En el barrio del Realejo y algo escondido, pero merece la pena. Cocina tradicional granadina a base de productos del mercado, con innovaciones creativas que convierten cada plato en un prodigio gastronómico. No tiene carta. Solo ofrece un menú degustación que cambian todos los viernes, compuesto de seis platos.

Hicuri

- ✉ Plaza de los Girones, 4.
- ☎ 858 987 473.
- 🌐 www.restaurante hicuriartvegan.com
- 🍴 Precio medio: 30-35 €.

Un vegano con clase y amplia carta, en un establecimiento moderno con mobiliario sencillo y funcional. Buen servicio.

Jardines Alberto

- ✉ Paseo de la Sabica, s/n.
- ☎ 958 221 661.
- 🌐 www.jardinesalberto.es
- 🍴 Precio medio: 40-45 €.

Carmen del siglo XIX con una romántica terraza en la que se come con el rumor de las fuentes. Cocina granadina bien elaborada.

El Mercader

- ✉ Imprenta, 2.
- ☎ 633 790 440.
- 🍴 Precio medio: 35-40 €.

Cocina local con productos de primera calidad y cuidada elaboración. Muy buen servicio, siempre atento. El local es pequeño, por lo que conviene reservar.

Mesón El Cordobés de José Peregrina

✉ Artesano Molero, 5.
☎ 958 208 008.
🍽 Precio medio: 30-35 €.
Lugar característico con decoración taurina y cierta elegancia para ser un mesón. Muy buena cocina local con productos del mercado y una muy buena atención por parte del servicio. Excelente relación calidad/precio. Es conveniente reservar porque se llena pronto todos los días.

Negro Carbón Albayzín

✉ Puente Cabrera, 9.
☎ 958 049 119.
🍽 Precio medio: 40-45 €.
Excelente asador, tanto de carnes como de verduras. También platos con cierta creatividad. Ambiente muy grato y tranquilo y excelente sevicio.

El Quinteto de Nizar y Ana

✉ Solarillo de Gracia, 4.
☎ 958 264 815.
🍽 Precio medio: 35-40 €.
Establecimiento muy interesante que practica una cocina granadina con aportaciones creativas originales y muy atractivas. Decoración y mobiliario minimalistas, pero realizados de tal forma que resulta muy acogedor.

Real Asador de Castilla

✉ Plaza de los Campos, 8.
☎ 958 223 476.
🖥 www.realasador decastilla.com
🍽 Precio medio: 45-50 €.
Noble lugar que hace honor a su nombre, con amplios y suntuosos salones. El cochinillo y el cordero son los platos estrella. Pero también otras carnes y estupendos pescados. Bodega amplia y muy buen servicio.

Rincón de Rodri

✉ Música Vicente Zarzo, 3.
☎ 958 522 817.
🍽 Precio medio: 35-40 €.
Muy buenos el pescado y el marisco en un establecimiento de gran solera en la ciudad. Siempre lleno. Se puede comer muy bien a base de tapas.

Ruta del Veleta

✉ Ctra. de la Sierra, km 136. Cenes de la Vega.
☎ 958 486 134.
🖥 www.rutadelveleta.com
🍽 Precio medio: 60-70 €.
El clásico de los clásicos granadinos, a unos 5 km de la ciudad. Los hermanos Pedraza han creado un verdadero emporio, cuya cocina sorprende siempre por su enorme calidad y eficacia.

Los Santanderinos

✉ Albahaca, 1.
☎ 958 128 335.
🖥 www.santanderinos.com
🍽 Precio medio: 50-55 €.
Muy cerca del Parque de las Ciencias. Cocina cántabra. Cocido montañés, carnes y pescados de gran calidad. Buen servicio.

El Trillo

✉ Aljibe de Trillo, 3.
☎ 958 225 182.
🖥 www.restaurante-eltrillo.com
🍽 Precio medio: 40-45 €.
Terraza ajardinada, fuente cantarina, vistas a la Alhambra y una cocina tradicional elaborada a la perfección con productos de primera.

PROVINCIA DE GRANADA

Alhama de Granada

Ochoa

✉ Pza. de la Constitución, 12.
☎ 615 569 146.
🍽 Precio medio: 25-30 €.
Bar de los de toda la vida con una buena terraza veraniega y con chimenea en invierno. Platos jugosos y abundantes.

Almuñécar

El Chaleco

✉ Avda. Costa del Sol, 37.
☎ 958 632 402.
🖥 https://elchaleco.restaurant
🍽 Precio medio: 40-45 €.
Ambiente tranquilo y relajado en un establecimiento que trabaja la gastronomía francesa. Desde los patés a los postres, todo se elabora con los mejores productos del mercado.

Baza

La Curva

✉ Corredera, 13.
☎ 958 700 002.
🍽 Precio medio: 35-40 €.
Mariscos y pescados de primera calidad, al igual que muy buenas carnes, sobre todo cordero segureño.

Bubión

Teide

✉ Carretera, 2.
☎ 958 763 037.
🖥 https://restaurante teidebubion.com
🍽 Precio medio: 25-30 €.
Un lugar con mucho encanto. Con el buen tiempo, lo mejor es la terraza, bajo los cerezos. Cocina alpujarreña. En la barra se puede comer a base de tapas.

Guadix

Boabdil

- ✉ Manuel de Falla, 3.
- ☎ 958 664 883.
- 🖥 http://restaurante boabdil.es
- 🍽 Precio medio: 35-40 €.

Agradable establecimiento, cuya decoración hace referencia a su nombre. Buenas carnes y buenos pescados en elaboraciones con toques creativos. Servicio siempre atento.

Güéjar Sierra

Maitena

- ✉ Estación de Maitena, s/n.
- ☎ 958 484 150.
- 🖥 https://restaurante maitena.es
- 🍽 Precio medio: 30-35 €.

Encantador lugar, ubicado en la antigua estación del tranvía de la sierra. Comer en verano en el jardín bajo la frondosa arboleda es una verdadera delicia.

Loja

Cilantro Taberna

- ✉ Parque de los Ángeles.
- ☎ 858 996 010.
- 🍽 Precio medio: 35-40 €.

Gastrobar con decoración moderna y agradable, con suave música de fondo. Es un sitio ideal para comer a base de tapas. Preparan buenas carnes, como el solomillo mozárabe o el secreto al carbón.

Flati

- ✉ Avenida de Andalucía, 40.
- ☎ 958 323 490.
- 🖥 www.flati.es
- 🍽 Precio medio: 35-40 €.

Cocina tradicional andaluza de mucha calidad con toques creativos. Truchas y esturiones de la piscifactoría preparados muy eficazmente.

Montefrío

El Pregonero

- ✉ Plaza de España, 3.
- ☎ 958 336 117.
- 🍽 Precio medio: 25-30 €.

Decoración rústica. Buenísimas tapas. También platos creativos y la gastronomía montefrieña de siempre.

Motril

Los Faroles

- ✉ Plasencia, 1.
- ☎ 958 603 388.
- 🍽 Precio medio: 30-35 €.

El ambiente familiar se combina con un magnífico servicio y una cocina auténtica en la que se preparan carnes y pescados a la manera tradicional.

Pitres

El Jardín del Mirador

- ✉ Acacias, 2.
- ☎ 620 181 932.
- 🍽 Precio medio: 30-35 €.

Espectacular establecimiento, con un jardín un tanto decadente y fantásticas vistas. Cocina casera, con platos que se salen de la tradicional cocina alpujarreña.

Salobreña

Pesetas

- ✉ Bóveda, 11.
- ☎ 958 610 182.
- 🍽 Precio medio: 35-40 €.

Se llega tras una cuestecilla que otra, pero merece la pena. Espléndida terraza con vistas, en la que sirven pescaíto, ensalada de aguacate o tartar de atún, entre otras cosas. Todo muy bien elaborado.

La Biznaga

- ✉ Urbanización Venus. Edificio El Sol.
- ☎ 630 691 367.
- 🍽 Precio medio: 35-40 €.

Ofrece, tanto en el salón como en la magnífica terraza, pescados de la zona en su punto y carnes de distinto tipo. Muy bueno también para tapear. Dispone de especialidades para celíacos.

Sierra Nevada

La Bodega

- ✉ Plaza de Andalucía, s/n. Pradollano.
- ☎ 958 249 133.
- 🍽 Precio medio: 40-45 €.

Contundentes desayunos, abundantes tapas y platos de la cocina andaluza.

Trevélez

Mesón Joaquín

- ✉ Ctra. Láujar-Órgiva, km 22.
- ☎ 958 858 514.
- 🖥 https://jamones trevelez.com
- 🍽 Precio medio: 40 €.

Cocina casera inmejorable y tradicional de la Alpujarra siempre en su punto. Productos cien por cien naturales. Excelente servicio en un local muy confortable.

Válor

El Puente

- ✉ Puente los Yesos, 1.
- ☎ 958 851 841.
- 🍽 Precio medio: 25-30 €.

Buena terraza. El arroz y la perdiz son sus principales platos.

El tapeo

GRANADA CIUDAD

Como suele ocurrir en la mayor parte de Andalucía oriental, en Granada las bebidas se acompañan de una tapa cuyo precio va incluido en el de aquella. Es verdad que en los últimos tiempos el tamaño de estas tapas ha disminuido bastante e incluso hay bares que no dudan en escaquearse si catan en el cliente pinta de turista. No obstante, la inmensa mayoría se mantiene fiel a la costumbre y continúan obsequiando a los parroquianos con verdaderas delicias. Hasta no hace mucho, casi todos los bares ofrecían una carta de la que el cliente podía elegir la tapa. Actualmente, en la mayoría la tapa no se elige, sino que el camarero las va sirviendo conforme salen de la cocina, aunque, salvo casos excepcionales, no se repite la misma en sucesivas consumiciones. Los bares se distribuyen por toda la ciudad. Pero hay tres zonas en que su número es especialmente relevante.

El Albayzín

La primera de ellas es el Albayzin. Abajo, en la calle Elvira está **Al Sur de Granada**, una tienda-bar con productos ecológicos y gran variedad de cervezas artesanales. En la calle Pagés, una casa célebre es **Torcuato**, con una amplia carta de cocina casera. En la misma calle, **Los Mascarones** está en el bajo de la casa en la que vivió el poeta Soto de Rojas y pone, entre otras cosas,

migas con sardinas. En la deliciosa plaza de San Miguel se sitúan **Yunque**, **Casa María**, **Lara** y **Rincón de la Aurora**, con estupendas terrazas y una buena carta. En San Buenaventura, **El Horno de Paquito** ofrece *caracoles*, y **El Pañero**, *ancas de rana*. En la plaza Larga, corazón del barrio, está **Aixa**, con una buena terraza y variedad de tapas. En el Mirador de San Nicolás, a espaldas de la iglesia, **El Mirador**, sirve, entre otras muchas cosas, *lomo con ajos* y *tomates aliñados*, y **Kiki**, muy buenas *berenjenas con miel*. Buenas terrazas hay también en la Carrera del Darro y eb el Paseo de los Tristes, entre ellas **Ruta del Azafrán**.

Barrio del Realejo

Entre otras muchas cosas, este barrio destaca por sus numerosos bares. El lugar de mayor concentración es el Campo del Príncipe, todos ellos con buenas terrazas. Aquí están, entre otros, **Casa Cristóbal**, donde todo es absolutamente casero; **Los Altramuces**, con sus *gambas fritas* y sus *croquetas*.
En la plaza Hospicio Viejo tiene una tranquila terraza **Potemkin**, bar de tapas japonesas cuyo interior recuerda al acorazado que le da nombre. En la calle Rosario son muy frecuentadas la **Taberna la Tana**, decorado con innumerables aperos agrícolas y tapas como la *morcilla de piñones*; y **Moa**, otro gastrobar con tapas creativas. A **Jaráiz**, en Sacristía de Santa Escolástica, acuden nume-

rosos estudiantes. Una de las tapas que más sirve es el *bacalao a la riojana*. En la calle San Matías es muy frecuentado **Loop**, un pub que, no obstante, sirve buenísimas tapas de diseño.

El centro

Al ser mayor el espacio es también aquí donde más bares se reúnen. En la Plaza Nueva tenemos **La Gran Taberna**, con gran variedad de cervezas de importación. Aquí mismo, pero en la calle Elvira, está **La Casa de Todos**, siempre lleno de estudiantes demandando sus afamados *bocadillos*.
En Cuchilleros, **La Trastienda** sirve *ibéricos* y *tablas de quesos* nada menos que desde 1836. **La Brujidera** está en Monjas del Carmen. Tiene más de doscientas referencias de vinos, a buen precio. En Colcha, **Carmela** tiene una terraza cubierta en la que sirve *bombas de carne* y *alitas de pollo con miel caramelizada*, entre otras delicadezas. Mucha solera tiene la **Taberna Gamboa**, en la calle Lepanto. Aquí está también **Cisco y Tierra**, con su decoración a base de objetos etnográficos populares y tapas como el *lomo a la plancha*.
Casa Encarna (Lepanto), tiene un estupendo pescaíto frito. En la Acera del Darro no hay que dejar atrás la tradicional **Casa Enrique**, con sus extraordinarias *chacinas ibéricas*, ni la **Taberna Granados**, que ofrece cosas tan curiosas como el *paté de aceitunas*.

En Verónica de la Virgen, **Ávila Tapas** es otro clásico, famoso sobre todo por su *jamón asado*. En San Isidro, es un sitio llamativo **Los Tintos**, una bodega muy frecuentada con buenos vinos y tapas como el *jamón a la brasa con huevos de codorniz*. **Mundra**, decorado con motivos indúes, está en la plaza de la Trinidad, tiene una buena terraza y tapas como el *melón con jamón*. En la misma plaza y muy frecuentado por "erasmus" están **Goya** y **Guerrero**. **Chantarela**, en calle Águila, ofrece como tapa todo un *muslo de pollo con verduras*, entre otras muchas cosas.

En la calle Gracia, **La Goma** sirve tapas creativas como la *calabaza braseada con bechamel*. Más selecto es **Rincón de Rodri**, en Músico Vicente Zarzo, donde puede encontrarse más que nada *pescado*. En Pedro Antonio de Alar-

cón hay varios buenos sitios, como el **Mesón Luis Rosúa**, con sus *albóndigas* y sus buenos vinos; y la taberna **Tita Paca**, con *pinchitos* y *hamburguesas*.

Un lugar muy frecuentados también por estudiantes, debido a su cercanía a la Facultad de Derecho, es **La Clausura**, casi siempre lleno. Cerca de aquí, en Obispo Hurtado está **Misa de Seis**, sitio agradable cuya tapa más representativa es el *secreto ibérico*.

Poe (Verónica de la Magdalena), un encanto de bar, cosmopolita y con tapas de diversas partes del mundo. **Los Manueles** (Reyes Católicos), un clásico con las tapas de siempre servidas abundantemente. **El Conde** (Virgen del Rosario), ofrece tapas innovadoras muy sugerentes. **Rosario Varela** (calle Varela), tiene una carta variada, con cosas como las patatas de la tierra.

Calle Navas

Ahora bien, el verdadero paraíso de las tapas, no solo en el centro, sino en toda Granada, se encuentra en la calle Navas. Estrecha, ni muy larga ni muy corta y, por supuesto, peatonal, los bares, con sus correspondientes terrazas, se suceden uno al lado del otro y acostumbran a estar llenos tanto al mediodía como de noche. Aunque todos son francamente buenos, se citan como ejemplos: **El Fogón de Galicia**, con su cocina gallega; **Los Diamantes**, el más popular, con su excelente *pescaíto frito*; **Las Copas** y sus selectas tapas; el **Mesón de la Abuela**, con su cocina cien por cien casera; **Genil**, donde hacen muy buena la fritura de pescado; **La Chopera**, con muy buenas croquetas de jamón y bacalao, y **Entrebrasas**, tanto para tapear como para comer, lo suyo son las carnes.

∎ Cultura, vida nocturna y espectáculos

Granada es una ciudad de vida cultural intensa, en todos los ámbitos y para todos los gustos. Cada día se programan numerosas actividades culturales.

FESTIVALES

Destacaremos, en primer lugar, por ser el más veterano, el **Festival Internacional de Música y Danza** (https://granadafestival.org) que, con sus más de 70 ediciones ha convertido en tradi-

ción exquisita los conciertos y espectáculos de música y danza en los escenarios privilegiados del palacio de Carlos V de la Alhambra, los jardines del Generalife y otros monumentos de la ciudad, como la catedral o la iglesia del monasterio de San Jerónimo. Se celebra en junio-julio. Abril es el mes del **Festival de Canción de Autor** (www.abrilparavivir.es), que tiene como referente al siempre presente Carlos Cano, y

del **Festival Internacional de Poesía** (https://fipgranada.com).

En octubre se organiza el **Festival Internacional de Jóvenes Realizadores** (www.filmfestgranada.com) y el **Salón Internacional del Comic** (https://saloncomicgranada.com). Y en noviembre la ciudad se llena de música con el **Festival Internacional de Jazz** (www.jazzgranada.es), y el **Festival Internacional Mágico** (https://festivalhocuspocus.com).

EXPOSICIONES

Granada es una ciudad que no solo ha atraído a los artistas de todo el mundo, sino que ha sido y es cuna de muy buenos pintores y escultores, de todas las tendencias, y de aficionados y coleccionistas de arte.

La **sala de exposiciones de la Fundación Rodríguez Acosta** es uno de los puntos de referencia de esta actividad, en su carmen del callejón del Niño del Royo, junto al hotel Alhambra Palace.

La obra cultural de la **Caja General de Granada** (www.cajagranadafundacion.es), en su sede del Museo de la Memoria de Andalucía, organiza ciclos de teatro, así como exposiciones de pintura, fotografía y escultura.

La Universidad de Granada, por su parte, dispone de una **sala de exposiciones** en el **palacio de la Madraza** (https://lamadraza.ugr.es), en la calle Oficios, junto a la catedral, y también cuenta con otro espléndido recinto en el edificio central del **Hospital Real**, del siglo XV.

El **Centro Cultural y Auditorio Manuel de Falla** (www.manueldefalla.org) también cuenta con una muy bien dotada sala de exposiciones, que suelen organizarse coincidiendo con el Festival Internacional de Música y Danza.

VIDA NOCTURNA

Seguramente, Granada es la capital andaluza de vida nocturna más activa. Los cincuenta mil estudiantes que cada año comienzan el curso en la Universidad de la Alhambra constituyen un ejército alegre y bullicioso dispuesto a divertirse y a pasarlo bien. Luego están los más de dos millones de turistas que cada año pernoctan en la ciudad, la mayoría de ellos tan ávidos de diversión, si es que no más, que los estudiantes.

Y, por supuesto, están los granadinos, que a pesar de su fama de gente sosa, no se quedan atrás a la hora de sacarle el máximo jugo a la vida. Con este alentador paisaje no es difícil imaginar que el número de locales dedicados al ocio nocturno debe ser importante. Y así es, en efecto. Abundantes en número y variados en sus ambientes y actividades.

Hay, en primer lugar, salas con grandes **actuaciones en vivo**, como, por ejemplo, **El Tren** (https://salaeltren.com), en la antigua carretera de Málaga; **Planta Baja** (Horno Abad; https://plantabaja.club), probablemente la de más solera de Granada, con música actual que incluye el flamenco; **Industrial Copera** (Desmond Tutú, La Zubia; https://industrialcopera.net), con lo mejor de la música electrónica; **Mae West** (https://maewestgranada.com), en el Centro Comercial Neptuno, con tres ambientes y grandes espectáculos, y **Vogue**, en Duquesa, con dos plantas y abierta desde las 12 h a las 7 h.

Hay también muy buenas **discotecas**, como **El Camborio** (https://elcamborio.com), en el Sacromonte, con sus cuevas y sus terrazas, en la que es posible el baile o la charla distendida y en la que es toda una experiencia contemplar el amanecer; **Aliatar** (https://aliatar.es), en calle Recogidas, con sus fiestas sorpresas y su música en vivo; **Fleming**, en calle Frailes, un buen sitio para bailar al que suelen acudir mayores de 30 años; o **Backstage**, en calle Moras, ubicada en el Teatro Isabel la Católica y a la que, atraídos por su música principalmente comercial, acuden más que nada jóvenes maduros.

Luego hay multitud de **pubs**, como La Estrella, en plaza Cuchilleros, con ambiente alternativo y público joven. **TragoFino-SanMatías30** (plaza de las Descalzas), un lugar tranquilo con buenos combinados y buena música.

La Qarmita (Águilas), local con encanto, ambiente cultural, además de buenas copas, cuenta con una buena biblioteca y realiza exposiciones.

La Tertulia (Pintor López Mezquita), un sitio también cultural frecuentado por artistas y bohemios, con actuaciones de cantautores, recitales, talleres, etc.

La Hermosa (Carrera del Darro), espacio singular con buena música y actuaciones en vivo

Alexander (María Luisa de Dios), de ambiente selecto, casi exquisito, con buenas copas y cócteles.

Paripé (calle Moras), muy buenos cócteles también y un gran ambiente ya desde primeras horas de la tarde.

Chek In (San Matías), con una sugerente decoración y un ambiente selecto, tiene una buena terraza y un servicio excelente.

Perro Andaluz (Pedro Antonio de Alarcón), uno de los más veteranos, al que acuden los personajes más estrambóticos de Granada y de fuera, atraídos por el buen rock.

TETERÍAS

Mención aparte merecen las teterías. Granada tiene tan reciente su pasado moro y en la actualidad hay, por otra parte, tantos musulmanes viviendo en ella, que las teterías abundan. Son, en general, lugares eclécticos, muy atractivos para el visitante, pues a su decoración de tipo árabe se añade una buena música, dulces agarenos y una enorme cantidad de tés, se pude fumar el narguile, están abiertas hasta bastante tarde y en más de una

hay espectáculos como la danza del vientre.
Se pueden citar **El Bañuelo,** en la placeta de la Concepción; **Kasbah** y **Alfaguara,** en Calderería Nueva; **La Oriental,** en Cuesta Marañas; **Nazarí,** en calle Calderería; **El Folclore Andalusi,** en calle Elvira.

FLAMENCO

Los aficionados al flamenco también cuentan con buenos sitios, como **Los Tarantos, La Cueva la Rocío** y **La Chumbera,** en el Camino del Sacromonte, donde puede presenciarse la famosa zambra gitana; El **Tablao Albayzín,** en el Mirador de San Cristóbal, programa buenos espectáculos.

Un flamenco más íntimo puede presenciarse en la **Peña Platería,** en plaza de Toqueros.

BAÑOS ÁRABES

Una experiencia distinta, aunque no solamente nocturna, son los baños árabes, que recuperan la costumbre musulmana de los baños públicos, prohibidos, como se sabe, por los cristianos tras la conquista de la ciudad. El **Hamman Al Andalus,** en Santa Ana 16, alzado sobre las ruinas de un antiguo baño o *hamman* musulmán, resulta sorprendente por la recreación de la decoración y el ambiente de la época nazarí.

Compras

EMBUTIDOS Y JAMONES
Granada

Jamones Sierra Nevada. Camino de las Canteras, Diezma (www.jamonessierranevada.es). Se pueden adquirir los jamones granadinos curados en Sierra Nevada. **Casa Diego.** Camino Bajo de Huétor, 63. Excelentes jamones y productos del cerdo ibérico de primerísima calidad.
Mariscal Delicatessen. Carrera de la Virgen, 12. Jamones y embutidos de la Alpujarra, así como una amplia variedad de productos gourmet.

La Alpujarra

Estos son algunos de los numerosos sitios en los que pueden comprar jamones de la zona.

Juviles
Carretera, 1.
Juviles.
Vallejo
Haza de la Iglesia, s/n.
Trevélez.
Tienda Maruja
Real, 48.
Trevélez.
Abuxarra
Carretera, 19.
Juviles.

VINOS

La Cata con Botas. Paz, 4. Vinos de Granada y de todas las zonas de producción del país.

DULCES
Granada

Pastelerías Puerta Bernina, en Zacatín, 25, Acera del Casino, 17, avda. Federico Garcia Lorca, 20, Arabial, 94, Recogidas, 36, C.C. Nevada Shopping,

Torre de la Pólvora, paseo de Colón, Emperatriz Eugenia, 5, Alhóndiga, 4. Elaboran dulces tradicionales.
Pastelería López Mezquita, en Reyes Católicos, 39, tiene fama por ser un establecimiento "de toda la vida", que ha mantenido la calidad. La morisca *bastela* o *pastela,* pastel dulce-salado a base de hojaldre, es una de sus especialidades más reconocidas.
Casa Isla. Los creadores desde 1897 de los famosos *piononos* (pastelillos de bizcocho y crema) de la cercana localidad de Santa Fe. Tienen varios establecimientos en la capital, siendo Carrera de la Virgen, 27; avda. de la Constitución, 3 y 48; y Acera del Darro, 62, los que se encuentran más a mano.

ANTIGÜEDADES

Granada

Los atractivos comercios de antigüedades de la calle Elvira han desaparecido en su totalidad, reconvertidos en bares en su mayoría. Se mantienen algunos como **Ruiz Linares**, ahora en Estribo, 6. Entre los nuevos, **Juno Arqueología**, en Gran Vía 39, ofrece piezas de gran calidad.

ARTESANÍA

Granada

Talleres de Arte Moreno (cuesta de Gomérez, 19; www.talleresdeartemoreno.com), realiza piezas inspiradas en las decoraciones nazaríes, y en **Artesanía e Hijos de Estévez, S.L.**, (Buen Suceso, 37, www.hijosdeestevez.com) han llevado la estética andalusí con faroles fabricados desde 1910.

La cerámica granadina es otra variedad artesana que reproduce decoraciones nazaríes. La encontramos en **Fajalauza (**ctra. de Murcia, 15; https://fajalauza.es); y en numerosos comercios dedicados a la venta de recuerdos.

La **Alcaicería,** antiguo mercado de la seda, es el centro comercial de la artesanía, en el corazón de la ciudad, como si de un zoco oriental se tratase. En sus comercios encontraremos la taracea, delicada marquetería que combina la madera de varios tipos con el hueso y el carey.

El Albayzín es el enclave más antiguo de la actividad artesana, en sus variadas facetas: Taracea **Laguna Real**, en Real de la Alhambra, 30. **Juan Chambó**, artesanía e instrumentos de percusión, en Cuesta del Chapiz, 70. En Granada son famosos los constructores de instrumentos musicales. Guitarras que adquieren grandes figura internacionales pueden encontrarse en **Daniel Gil de Avalle**, Molinos, 39; y **Casa Ferrer**, Cuesta de Gomérez, 26.

▌Alojamientos

GRANADA CAPITAL

Hotel Alhambra Palace*****

- ✉ Plaza Arquitecto García de Paredes, 1.
- ☎ 958 221 468.
- 💻 www.hotelalhambra palace.com
- 🛏 Habitación doble: desde 190 €.

Uno de los emblemas de Granada. Su construcción data de la década de 1920, pero gracias a las sucesivas rehabilitaciones no ha perdido nada del mágico esplendor de sus orígenes.

Hotel Áurea Washington Irving*****

- ✉ Paseo del Generalife, 10.
- ☎ 958 217 110.
- 💻 www.eurostarshotels.com
- 🛏 Habitación doble: desde 86 €.

Magnífico establecimiento de reciente construcción junto a la Alhambra, con toda clase de lujos y detalles, refinamiento y elegancia.

Hotel Palacio Santa Paula Autograph Collection*****

- ✉ Gran Vía de Colón, 31.
- ☎ 958 805 740.
- 💻 www.marriott.com
- 🛏 Habitación doble: desde 250 €.

Ubicado en el antiguo convento de monjas jerónimas Santa Paula, de principios del siglo XVI. Soberbias instalaciones alrededor del magnífico patio porticado de dos plantas y estilo mudéjar.

Hotel Hospes Palacio de los Patos*****

- ✉ Solarillo de Gracia, 1 (esq. Recogidas).
- ☎ 914 363 478.
- 💻 www.hospes.com

- 🛏 Habitación doble: desde 170 €.

Un magnífico palacio del siglo XIX enteramente recuperado, al que se le ha añadido un edificio de corte moderno en perfecto acoplamiento. Restaurante vanguardista.

Parador de Granada****

- ✉ Real de la Alhambra, s/n.
- ☎ 958 221 440.
- 💻 www.parador.es
- 🛏 Habitación doble: desde 230 €.

Construido sobre el antiguo solar que ocupaba el convento de San Francisco, del siglo XV, rehabilitado y acondicionado, al lado de la Alhambra y del Generalife. Preciosos patios, solemnes estancias, majestuosas habitaciones, extraordinarias vistas.

Hotel Alixares****
- ✉ Paseo de la Sabica, 40.
- ☎ 958 225 575.
- 🌐 www.hotelalixares.com
- 🛏 Habitación doble: desde 47 €.

Situado junto a la Alhambra, este es un notable establecimiento tranquilo y confortable. Tiene piscina y garaje.

Hotel Allegro Granada****
- ✉ Avenida de Puliana, 10.
- ☎ 958 163 000.
- 🌐 www.barcelo.com
- 🛏 Habitación doble: desde 58 €.

Algo alejado del centro, pero merece la pena por su diseño vanguardista y francamente agradable y acogedor. Piscina exterior con formidables vistas.

Hotel Arabeluj****
- ✉ Camino Nuevo del Cementerio, 46.
- ☎ 958 221 656.
- 🌐 www.hotelgranadaarabeluj.com
- 🛏 Habitación doble: desde 70 €.

Situado en la parte alta del castizo barrio del Realejo, muy cerca de la Alhambra, desde sus confortables habitaciones se obtienen espléndidas vistas de la ciudad. Tiene restaurante.

Hotel Barceló Carmen****
- ✉ Acera del Darro, 62.
- ☎ 958 258 300.
- 🌐 www.barcelo.com
- 🛏 Habitación doble: desde 77 €.

Notable establecimiento situado en el centro de la ciudad, con 222 amplias y cómodas habitaciones perfectamente equipadas. Toda clase de servicios, incluidos restaurante y garaje.

Hotel La Casa de la Trinidad****
- ✉ Capuchinas, 2 (junto a la plaza de la Trinidad).
- ☎ 958 536 033.
- 🌐 www.casadelatrinidad.com
- 🛏 Habitación doble: desde 60 €.

Un sólido edificio de mediados del siglo xx. 36 habitaciones cómodas y bien equipadas, la mayoría de ellas con balcón a la calle. Bar y aparcamiento concertado.

Hotel Eurostars Gran Vía****
- ✉ Gran Vía Colón, 20.
- ☎ 958 217 810.
- 🌐 www.eurostarshotels.com
- 🛏 Habitación doble: desde 80 €.

Exquisito diseño, vistas a la catedral, gran equipamiento, habitaciones sofisticadas, spa.

Hotel Sercotel Palacio de los Gamboa****
- ✉ Plaza Gamboa, s/n.
- ☎ 900 938 038.
- 🌐 www.sercotelhoteles.com
- 🛏 Habitación doble: desde 60 €.

Instalado en un palacio granadino del siglo XVI, el lujo refinado es su principal característica. Cuenta con 68 habitaciones en las que prima ante todo la comodidad. Dispone también de garaje, aunque está en pleno centro.

Hotel Granada Center****
- ✉ Avda. Fuente Nueva, s/n.
- ☎ 958 205 000.
- 🌐 www.hotelescenter.es
- 🛏 Habitación doble: desde 70 €.

Moderna y agradable arquitectura, habitaciones muy confortables, con sólido y cómodo mobiliario de corte clásico. Restaurante.

Hotel Maciá Cóndor****
- ✉ Avda. de la Constitución, 6.
- ☎ 958 283 711.
- 🌐 www.maciahoteles.com
- 🛏 Habitación doble: desde 49 €.

Edificio moderno con mobiliario de tipo clásico. Personal eficiente y amable. Dispone de restaurante y aparcamiento.

Hotel Meliá Granada****
- ✉ Ángel Ganivet, 7.
- ☎ 958 227 400.
- 🌐 www.melia.com
- 🛏 Habitación doble: desde 180 €.

Establecimiento muy bien situado y con el equipamiento, la comodidad y el servicio propios de esta prestigiosa cadena.

Hotel Museo Palacio Mariana Pineda****
- ✉ Carrera del Darro, 9.
- ☎ 958 216 158.
- 🌐 www.palaciomarianapineda.com
- 🛏 Habitación doble: desde 86 €.

Establecimiento lleno de encanto a la sombra de la Alhambra y en uno de los sitios más románticos de la ciudad. Historia, elegancia, lujo y todo el confort actual.

Hotel Urban Dream****
- ✉ Camino de Ronda, 107.
- ☎ 958 100 148.
- 🌐 www.urbandreamgranada.com
- 🛏 Habitación doble: desde 60 €.

La funcionalidad y la comodidad priman en un establecimiento moderno que, no obstante, no renuncia al diseño y al buen gusto. Luminosas y amplias habitaciones con un gran equipamiento. Piscina, spa y restaurante *lounge*.

Hotel Anacapri***

✉ Joaquín Costa, 7.
☎ 958 227 477.
🌐 https://hotelanacapri.
   com
🛏 Habitación doble:
   desde 62 €.

Ubicado en una casa granadina del siglo XVIII, restaurada y acondicionada con mucho mimo. Habitaciones suntuosas, con mobiliario clásico y completo equipamiento. Dispone de cafetería.

Hotel Casa del Capitel Nazarí***

✉ Cuesta Aceituneros, 6.
☎ 958 215 260.
🌐 www.hotelcasa
   capitel.com
🛏 Habitación doble:
   desde 59 €.

Gran casa palaciega construida en 1503 y muy bien rescatada de la ruina y acondicionada. Precioso patio columnado, viguería y artesonados de madera. 17 habitaciones cómodas y confortables.

Hotel Casa Morisca***

✉ Cuesta de la Victoria, 9.
☎ 958 221 100.
🌐 www.hotelcasa
   morisca.com
🛏 Habitación doble:
   desde 83 €.

Establecimiento con encanto, situado sobre el paseo de los Tristes, frente a la Alhambra. Se trata de una casa morisca del siglo XV amorosamente restaurada, de modo que conserva todo el embrujo de la época.

Hotel Gar-Anat***

✉ Placeta de los
   Peregrinos, 1.
☎ 958 225 528.
🌐 www.hotelgaranat.com
🛏 Habitación doble:
   desde 70 €.

Un establecimiento diferente. Ubicado en un palacio de corte nazarí, dispone de quince habitaciones, cada una con decoración diferente, pero todas cómodas y con empaque.

Hotel Ladrón de Agua***

✉ Carrera del Darro, 13.
☎ 958 215 040.
🌐 www.ladrondeagua.
   com
🛏 Habitación doble:
   desde 119 €.

Magnífico palacio que data del siglo XVI, primorosamente restaurado y acondicionado. Espléndido patio mudéjar, alrededor del que se organizan las dependencias. Servicios por encima de su categoría. Habitaciones cálidas, románticas e íntimas.

Hotel Sacromonte***

✉ Plaza del Lino, 1.
☎ 958 266 411.
🌐 www.hotel
   sacromonte.es
🛏 Habitación doble:
   desde 38 €.

Moderno establecimiento en el barrio de la Magdalena, es decir, en pleno centro. Cuenta con 31 habitaciones funcionales, cómodas y con un completo equipamiento.

Hotel Santa Isabel la Real***

✉ Santa Isabel la Real, 17.
☎ 958 294 658
🌐 www.hotelsantaisabel
   lareal.com
🛏 Habitación doble:
   desde 105 €.

Establecimiento con un gran encanto en pleno barrio del Albayzín. Tiene solo 11 habitaciones con exquisita decoración y muy buen equipamiento, eso sí, todas para no fumadores. Cuenta con parking junto al establecimiento.

Hotel Casa de Federico*

✉ Horno Marina, 13.
☎ 958 208 534.
🌐 www.casadefederico.es
🛏 Habitación doble:
   desde 55 €.

Antigua casa granadina de cuatro plantas primorosamente recuperada del abandono y convertida en un hotel con encanto. Exquisito tratamiento de los espacios y decoración, tanto de las zonas comunes como de las habitaciones.

PROVINCIA DE GRANADA

Alhama de Granada

Hotel Balneario***

✉ Balneario.
☎ 958 350 011.
🌐 www.balnearioalhama
   degranada.com
🛏 Habitación doble:
   desde 84 €.

En el interior del balneario, con acceso para personas con discapacidad y excelente equipamiento. Todas las habitaciones son exteriores.

Hotel Rural La Seguiriya**

✉ Las Peñas, 12.
☎ 958 360 636.
🌐 www.laseguiriya.com
🛏 Habitación doble:
   desde 66 €.

En el centro de Alhama, cerca del mirador de Los Tajos, La Seguiriya ocupa un antiguo caserón restaurado del siglo XVIII, conservando puertas, balcones y detalles que hacen de los espacios comunes y las habitaciones estancias muy agradables. Buen restaurante de comida de la zona y una terraza con vistas al tajo que forma el río Merchán.

Hotel El Ventorro**

- ⌧ Ctra. de Játar, km 2.
- ☎ 958 350 438.
- 🖰 https://elventorro.net
- 🖴 Habitación doble: desde 60 €.

Antigua venta de arrieros reconvertida en una agradable hospedería rural a cinco minutos del pueblo y junto a la presa del río Marchán. 29 habitaciones, 8 de ellas en cuevas con una deliciosa decoración islámica. Tiene restaurante con los platos característicos del pueblo y un magnífico baño árabe.

Almuñécar

Hotel Albayzín del Mar****

- ⌧ Avda. Costa del Sol, 23.
- ☎ 958 632 161.
- 🖰 https://hotelalbayzin delmar.com
- 🖴 Habitación doble: desde 200 €.

Magnífico complejo de apartamentos de 4 a 8 plazas, espléndidamente decorados, de arquitectura arabizante y en medio de exóticos jardines en los que abundan los árboles de frutas tropicales. Todos los servicios.

Hotel Ibersol Almuñécar Beach & Spa****

- ⌧ Playa de San Cristóbal.
- ☎ 958 639 450.
- 🖰 www.hotelibersol almunecarbeachspa.es
- 🖴 Habitación doble: desde 85 €.

Gran complejo turístico a pie de playa y en la misma ciudad. Comodísimo, tranquilo y con todos los equipamientos.

Hotel Casablanca**

- ⌧ Plaza de San Cristóbal, 4.
- ☎ 958 635 575.
- 🖰 www.hotelcasablanca almunecar.com
- 🖴 Habitación doble: desde 55 €.

Establecimiento muy agradable frente al peñón del Santo. La arquitectura morisca es su primera seña de identidad. A ella se unen habitaciones con baño completo, climatización, teléfono y televisión. Tiene restaurante.

Baza

Hotel Anabel**

- ⌧ María de Luna, s/n.
- ☎ 958 860 998.
- 🖰 www.hotelanabel baza.com
- 🖴 Habitación doble: desde 60 €.

A un paso del parque de la Alameda. Establecimiento de carácter familiar, pequeño y acogedor. Todas las habitaciones con baño completo, climatización, teléfono y TV.

Hospedería Troglodita Cuevas Al Jatib

- ⌧ Arroyo Cúrcal, s/n.
- ☎ 958 342 248.
- 🖰 www.aljatib.com
- 🖴 Cueva para dos personas: desde 71 €.

Las entrañas de la tierra nos tienen preparada una sorpresa de buen gusto, sosiego y recogimiento en este alojamiento: habitaciones con patio de entrada, saloncito con chimenea, sauna, una improvisada sala de lectura y unos dormitorios luminosos en los que no falta un detalle de color. Un placer para el cuerpo y el alma.

Bubión

Las Terrazas de la Alpujarra

- ⌧ Plaza del Sol, 12.
- ☎ 958 763 034.
- 🖰 https://terrazas alpujarra.com

Estupendo conjunto compuesto por un hostal, una serie de apartamentos de distintas capacidades y dos casas rurales de gran amplitud. Precioso paraje con encantadoras vistas.

Cádiar

Alquería de Morayma***

- ⌧ Ctra. A 348, km 50.
- ☎ 958 343 221.
- 🖰 www.alqueria morayma.com
- 🖴 Habitación doble: desde 76 €.

Auténtica cortijada morisca dedicada al cultivo del olivar, frutales y viñas, que cuenta con 57 plazas distribuidas en habitaciones dobles y apartamentos excelentemente equipados. Ideal para los niños y para los aficionados al enoturismo, pues cuenta con bodega propia y programa, entre otros, cursos de cata.

Huéscar

Hotel El Maño de Andalucía**

- ⌧ Morote, 11.
- ☎ 958 723 005.
- 🖴 Habitación doble: desde 70 €.

Hotel peculiar, con fachada modernista y levantina e interior ecléctico y romántico. Las habitaciones evocan ciudades andaluzas y aromas de flores. Un lugar tranquilo para pasar unos días y degustar una exquisita "perla sagreña" (cordero) en sus fogones.

Lacalahorra

Hospedería del Zenete****

- ⌧ Ctra. de la Ragua, 1.
- ☎ 958 677 192.
- 🖰 www.hospederiadel zenete.com
- 🖴 Habitación doble: desde 80 €.

Precioso hotel de montaña con estupendas vistas del castillo y del paisaje. Garaje, gimnasio, sauna. En el restaurante puede degustarse la gastronomía de la zona.

Hostal Labella*

- ✉ Ctra. de Aldeire, 1.
- ☎ 958 677 241.
- 🖰 www.hostallabella.com
- 🛏 Habitación doble: desde 45 €.

Establecimiento rural a las afueras de Lacalahorra, muy confortable y grato. Habitaciones con baño completo y terraza. Dispone de un buen restaurante donde sirven los platos de la comarca.

Loja

Hotel La Bobadilla*****

- ✉ Carretera Salinas-Villanueva de Tapia (A 333), km 65,5. Finca La Bobadilla
- ☎ 958 321 861.
- 🖰 www.barcelo.com
- 🛏 Habitación doble: desde 400 €.

Uno de los mejores hoteles de España, situado en una finca de 700 ha de encinares y olivos. Su construcción sigue la pauta de los antiguos palacios andaluces. Todos los lujos y equipamientos.

Montefrío

Cortijo La Fe

- ✉ Solana de Covaleda.
- ☎ 629 967 510.
- 🖰 www.cortijolafe.com
- 🛏 Habitación doble: desde 125 €.

Preciosa cortijada andaluza. Olivar y huerta ecológica. Piscina, jardín, terraza, baño árabe de nueva construcción.

Motril

Hotel Impressive Playa Granada Golf****

- ✉ Rector Pascual Rivas Carrera.
- ☎ 958 606 282.
- 🖰 www.impressiveresorts playagranada.com

Formidable complejo hotelero en el campo de golf. Cuenta con 299 habitaciones, todas ellas con vistas al mar o al campo de golf, con todos los servicios. Frecuentado fundamentalmente por turistas extranjeros, hasta el punto de que el personal habla español con claras dificultades.

Elba Motril Beach & Business Hotel****

- ✉ Camino del Pelaíllo, s/n. Playa de Poniente.
- ☎ 958 607 744.
- 🖰 www.hoteleselba.com
- 🛏 Habitación doble: desde 74 €.

Frente a la playa. 93 detallistas habitaciones, con terraza y todas las prestaciones. Piscinas interior y exterior, jacuzzi, sauna, garaje...

Órgiva

Hotel Taray Botánico***

- ✉ Ctra. A 348, km 18.
- ☎ 681 900 115.
- 🖰 https://hoteltaray.net
- 🛏 Habitación doble: desde 90 €.

Notable establecimiento ubicado en un gran jardín de 15.000 m² con árboles frutales, huerto ecológico, piscifactoría para consumo propio y corral con animales domésticos. 15 habitaciones sencillas pero bien equipadas. Dos piscinas, restaurante, bar-cafetería, aparcamiento.

Salobreña

Hotel Avenida Tropical***

- ✉ Avda. del Mediterráneo, 35.
- ☎ 958 611 544.
- 🖰 www.hotelavenida tropical.com
- 🛏 Habitación doble: desde 55 €.

Treinta habitaciones en un edificio con arquitectura de tipo andaluz. Acogedor y familiar y a unos 200 m de la playa.

Hotel Salobreña Suites***

- ✉ Ctra. N 340, km 323.
- ☎ 958 610 261.
- 🖰 www.hotelsalobrena.es
- 🛏 Habitación doble: desde 50 €.

Fuera del pueblo, ante la tranquila cala del Cambrón, un veterano establecimiento, completamente actualizado.

Hotel Salambina*

- ✉ Ctra. de Málaga, km 326.
- ☎ 958 612 649.
- 🖰 https://hotelsalambina.es
- 🛏 Habitación doble: desde 45 €.

A las afueras, lejos del bullicio de la playa y con vistas excepcionales sobre la bahía de Motril. Habitaciones sencillas, acogedoras y con terraza. Amabilidad y un retaurante en el que cuidan la calidad.

Hostal Jayma**

- ✉ Cristo, 24.
- ☎ 958 610 231.
- 🖰 https://hostaljayma.com
- 🛏 Habitación doble: desde 45 €.

En el casco histórico, íntimo y familiar. Trece habitaciones con baño completo, aire acondicionado y televisión. Tiene un solárium con excelentes vistas.

Sierra Nevada (Monachil)

Hotel Vincci Selección Rumaykiyya*****

- ✉ Urbanización Sol y Nieve. Monachil.
- ☎ 958 482 250.
- 🖥 www.vincci rumaykkyya.com
- 🛏 Habitación doble: desde 180 €.

Precioso establecimiento alpino, muy acogedor, gracias a la combinación de la madera y la cerámica. Todo lujo de detalles, incluido el telesilla a la puerta.

Hotel Meliá Sierra Nevada****

- ◎ Pradollano, s/n.
- ☎ 911 989 387.
- 🖥 www.melia.com
- 🛏 Habitación doble: desde 142 €.

En la plaza de Pradollano, en plena zona comercial

y de ocio. Decoración tradicional de alta montaña.

Hotel Maribel****

- ✉ Urbanización Pradollano. Plaza de Maribel, s/n.
- ☎ 958 481 155.
- 🖥 www.maribels.com

Hotel Meliá Sol y Nieve****

- ✉ Pradollano, s/n.
- ☎ 912 764 747.
- 🖥 www.melia.com
- 🛏 Habitación doble: desde 98 €.

Hotel Santa Cruz Sierra Nevada***

- ✉ Ctra. Sierra Nevada, km 22.
- ☎ 958 481 920.
- 🖥 www.hotelsantacruz sierranevada.com
- 🛏 Habitación doble: desde 48 €.

Próximo al Centro de Visitantes El Dornajo, este

establecimiento ofrece 47 habitaciones bien equipadas, salón social y cafetería.

Hotel El Lodge***

- ✉ Maribel, 8.
- ☎ 958 480 600.
- 🖥 www.ellodge.com
- 🛏 Habitación doble: desde 90 €.

Precioso el diseño arquitectónico. Muy completo en todos los servicios.

Apartahotel Trevenque***

- ✉ Plaza de Andalucía, s/n.
- ☎ 958 480 862.
- 🖥 http://apartahotel trevenque.com
- 🛏 Habitación doble: desde 80 €.

Uno de los más bonitos de la Estación de Esquí. Desciende por la ladera, de modo que se tiene la impresión de estar inmerso en la nieve.

Información Práctica

Aeropuerto

Aeropuerto
- ✉ A 15 km de la ciudad por la A 92.
- ☎ 958 245 223. 913 211 000.
- 🖥 www.aena.es

Iberia
- ☎ 913 336 701.
- 🖥 www.iberia.com

Air Europa
- ☎ 911 401 501.
- 🖥 www.aireuropa.com

Ferrocarril

Granada
Estación de Granada
- ✉ Avda. de Andaluces.
- ☎ 919 190 504.
- 🖥 www.renfe.com

Metropolitano

Una línea de metro ligero cruza la ciudad de norte a sur uniendo las localidades de Armilla, Albolote y Maracena con la capital, con paradas en las estaciones de autobuses y tren.
- ☎ 958 988 123.
- 🖥 https://metropolitanogranada.es

Taxis

Pidetaxi Granada
- ☎ 958 280 654.

Taxi Genil
- ☎ 958 132 323.

CALENDARIO DE FERIAS Y FIESTAS

Enero
Conmemoración de la toma de la ciudad
El ciclo festivo anual se inicia recién comenzado el año, el día 2 de enero, en Granada, con la conmemoración de la toma de la ciudad por los Reyes Católicos, en 1492, fecha en que finaliza la Reconquista. El Ayuntamiento realiza un ritual cívico consistente en la *tremolación del pendón real,* desde el balcón principal de la Casa Consistorial, un cortejo y posterior ceremonial en la Capilla Real ante las tumbas de los Reyes Católicos.
San Sebastián
El 20 de enero en Lanjarón se celebra la fiesta del santo patrón, San Sebastián.

Febrero
San Cecilio
El primer domingo después del día 1 de febrero, festividad de San Cecilio, patrón de Granada, tiene lugar una romería a la abadía del Sacromonte, situada en un bello paraje, en el valle de Valparaíso. Durante ese día se pueden visitar las Santas Cuevas donde, según

la tradición, recibieron martirio los varones apostó-
licos fundadores de la iglesia de Granada, entre los
cuales se encontraba San Cecilio.

Marzo
Semana Santa

La Semana Santa granadina está jalonada de momentos de gran belleza que le confieren personalidad
propia. Podemos destacar la *procesión del Cristo del
Consuelo* o *de los Gitanos,* cuando regresa al Sacromonte, la madrugada del Jueves Santo, o el paso de
la hermandad de Santa María de la Alhambra bajo el
arco de la Justicia, en el atardecer del Sábado Santo, o
la bajada de la albaicinera cofradía de la Estrella, por
las estrechas y empinadas cuestas del antiguo barrio,
o el recogimiento que acompaña al Cristo del Silencio
por la carrera del Darro, hacia la iglesia de San Pedro.

Mayo
Día de la Cruz

El 3 de mayo, Día de la Cruz, es otra cita con la fiesta,
esta vez alegre y florida. Los rincones más significati-
vos de la ciudad y también sus barrios se adornan con
sus mejores galas para acoger las Cruces de Mayo.
Se organizan verbenas y concursos de ornamentación. La fiesta se inicia ya el primero de mayo, mientras los vecinos, asociaciones y entidades se afanan
en recopilar distintos objetos de artesanía para dar
brillo y esplendor a las Cruces.

Junio
Corpus Christi

A finales de mayo o en junio, dependiendo de cuando
haya caído la Semana Santa, se celebra el Corpus
Christi, fiesta de enorme participación popular. El
punto central lo constituye la procesión de la Custo-
dia, que parte de la catedral para recorrer el centro
de la ciudad. Como se sabe, esta fiesta tiene lugar
un jueves. El miércoles anterior, como reminiscencia
de la Edad Media, sale a la calle la *Pública*, magna
cabalgata de gigantes y cabezudos que lleva al frente
a la *Tarasca*, hermoso maniquí de mujer que cabalga
a lomos de un dragón, cuyo vestido, confeccionado
por un diseñador de la ciudad, guiará la moda feme-
nina durante el siguiente año. Durante ocho días se
sucede la *Feria*, cuyo real se instala en el barrio de
Almajáyar, en el arrabal norte de la ciudad.

Fiestas del Agua y el Jamón

El fin de semana más próximo al 24 de junio, día de
San Juan, se celebran en Lanjarón las Fiestas del Agua
y el Jamón, que duran varios días y tiene dos activida-

Autobuses

Granada

En la ciudad existe
una extensa red de
autobuses que fun-
cionan todos los días
y dos líneas circulares
nocturnas, que operan
desde las doce de la
noche hasta las 6 de
la mañana. Los hora-
rios varían según sea
laborable, sábado o
domingo/festivo.

Cuatro líneas de au-
tobuses recorren La
Alhambra, el Albayzín
y Sacromonte: 30, 31,
32 y 34.

☎ 900 710 900.

🌐 https://siu.ctagr.
es

**Granada-
aeropuerto**

🌐 www.alsa.es
Recorrido: Avda. de
Andalucía, estación
de autobuses, Gran
Vía Colón, paseo del
Violón (Palacio de
Congresos).

☎ 958 245 223.

**Estación
de autobuses**

✉ Avda. Juan Pablo II.

Alsa

☎ 902 422 242.

🌐 www.alsa.es

des principales, la *Carrera del Agua,* en la que la que la gente corre durante un kilómetro arrojándose agua con todo lo que pilla, y *La Pública,* un pasacalles en el que participa todo el pueblo disfrazado.

San Antonio

En Trevélez tiene lugar la festividad del patrón San Antonio, con representación de moros y cristianos y el posterior *entierro de la zorra,* ceremonia que consiste en hacer una zorra de piel y rellenarla de cohetes, haciéndola estallar tras la lectura de un sermón en que se la condena a muerte.

Agosto

Romería de la Virgen de las Nieves

El día 5 de este mes se celebra en Trevélez la romería de la Virgen de las Nieves, situada en la cumbre del Veleta.

Septiembre

Día de la Virgen

El inicio del otoño, el último domingo de septiembre, cuenta en Granada con el día de la Virgen, fiesta en honor de la patrona, la Virgen de las Angustias, cuya devoción tiene un gran arraigo popular en la capital y la provincia. El acto central de la fiesta es la procesión de la Virgen. Se acompaña de un tradicional mercadillo de frutos otoñales, como membrillos, acerolas, almencinas… junto con tortas de aceite, dulces o saladas.

Zaidín Rock

El populoso barrio del Zaidín, el gran ensanche de la ciudad a partir de la década de 1960, organiza una animada feria en el mes de septiembre, que tiene como actividad destacada un festival de rock, de gran prestigio.

Romería del Santo

Por su parte, el barrio del Albayzín organiza el 29 de septiembre, festividad de San Miguel, la romería del santo a su ermita en el cerro del mismo nombre, que preside desde lo alto el tradicional barrio, declarado por la Unesco Patrimonio Mundial. Las fiestas del barrio incluyen en su programación un destacado festival flamenco, verbenas, juegos y atracciones diversas para mayores y pequeños.

Virgen del Rosario

También en otoño, otro antiguo barrio de Granada celebra sus fiestas en honor de su patrona la Virgen del Rosario: se trata del castizo barrio del Realejo. También los vecinos organizan verbenas y concursos, junto a actividades culturales y festivales de folclore.

INFORMACIÓN TURÍSTICA

❙ Granada

Oficina Municipal de Información Turística
- ✉ Plaza del Carmen, s/n.
- ☎ 958 248 280.
- 🖥 https://turismo.granada.org/es

Oficina de Información del Patronato Provincial de Turismo
- ✉ Cárcel Baja, 3.
- ☎ 958 247 128.
- 🖥 www.turgranada.es

Oficina de Turismo de la Junta de Andalucía
- ✉ Santa Ana, 2.
- ☎ 958 575 202.
- 🖥 www.andalucia.org

❙ Alhama de Granada

Oficina de Turismo
- ✉ Carrera Francisco de Toledo, 10.
- ☎ 958 360 686.
- 🖥 https://turismodealhamade granada.com

❙ Almuñécar

Oficina Municipal de Turismo
- ✉ Palacete de la Najarra. Avda. de Europa, s/n.
- ☎ 958 631 125.
- 🖥 www.visitalmunecar.es

❙ Baza

Oficina Municipal de Turismo
- ✉ Alhóndiga, 1.
- ☎ 958 861325.
- 🖥 www.bazaturismo.com

Centro de Visitantes Narváez-Parque Natural Sierra de Baza
- ✉ Autovía A 92, km 324.
- ☎ 958 002 018.

❙ Guadix

Oficina de Turismo
- ✉ Plaza de la Constitución, 15/18.
- ☎ 958 662 804.
- 🖥 https://guadix.es

Cueva-museo Centro de Interpretación "Cuevas de Guadix"
- ✉ Plaza Padre Poveda, s/n.
- ☎ 958 665 569.

❙ La Herradura

Oficina de Turismo de La Herradura
- ✉ Centro de Interpretación de los Recursos Turísticos de La Herradura. Paseo Andrés Segovia, s/n.
- ☎ 958 618 636.
- 🖥 www.visitalmunecar.es

❙ Lanjarón

Oficina de Información Turística
- ✉ Avda. de la Madrid, s/n.
- ☎ 958 770 462.
- 🖥 www.lanjaron.es

❙ Loja

Oficina de Turismo
- ✉ Edificio Espacio Joven. Comedias, 2.
- ☎ 958 323 949.
- 🖥 https://lojaturismo.com

Punto de Información Turística en el Centro de Interpretación Histórico de Loja
- ✉ Plaza de la Constitución, s/n (Antigua Casa de Cabildos).
- ☎ 958 321 520.
- 🖥 https://lojaturismo.com

Centro de Interpretación Ambiental de Riofrío
- ✉ Edificio Villa Carmen. Riofrío.
- ☎ 958 321 520.
- 🖥 https://lojaturismo.com

INFORMACIÓN TURÍSTICA

▌Montefrío

Oficina de Turismo
- ✉ Plaza de España, 1.
- ☎ 958 336 004.
- 🖰 www.turismomontefrio.org

▌Motril

Oficina de Turismo
- ✉ Plaza de las Comunidades
  Autónomas, s/n (entrada Parque
  de los Pueblos de América).
- ☎ 958 825 481.
- 🖰 https://motrilturismo.com/es

▌Orce

**Oficina Municipal de Información
Turística**
- ✉ Tiendas, 20. Palacio de los Segura.
- ☎ 958 746 171.
- 🖰 www.orce.es

▌Órgiva

Oficina de Turismo
- ✉ Plaza de la Alpujarra, s/n.
- ☎ 958 784 266.
- 🖰 www.ayuntamientodeorgiva.es

▌Pampaneira

**Punto de información
del Parque Nacional
de Sierra Nevada**
- ✉ Pza. de la Libertad, 1.
- ☎ 958 763 127.
- 🖰 www.andalucia.org

▌Salobreña

**Oficina Municipal
de Turismo**
- ✉ Plaza de Goya, s/n.
- ☎ 958 610 314.
- 🖰 https://turismosalobrena.com

▌Santa Fe

**Oficina de Turismo
Vega Sierra Elvira**
- ✉ Puerta de Sevilla.
  Isabel la Católica, 7.
- ☎ 958 513 110.
- 🖰 www.santafe.es

Índice de lugares